哲学はじめの一歩 4

行動する

立正大学文学部哲学科 編

春風社

4 行動する

3

行動する

以前、ＪＲ東日本が、「何《なあんに》もしないを、しよう」というキャンペーンをやっていた。「何にもしない」ことを「する」って、どんなこと？　旅に出かけよう、とＪＲは誘うのだが、旅とは、仕事だの家事だの、人との義理での付き合いだの、日常でしなければならないことすべてを放っぽりだして、何もしないことだ、というわけだろうか。（実際にはＪＲは、ここではお寺の庭を鑑賞し、あそこでは名物の料理を食べようとか、種々《くさぐさ》の「すること」を提案しているのだけれども。なお、家事も仕事の一つだ、仕事と並べるのは如何《いかが》なものか、という意見も承知しているが、口調の問題だと大目にみて欲しい。）あるいは、普段の生活で義務化していることやスケジュールに当然のごとく入っていることを「しない」というのは、意を決して選ばないとできないことなのだから、「しない・を・する」というのは大変な、積極的なことなのだ、という話なのだろうか。――「しない」ことがすることになる理屈というものには一貫した論理があるのだが、読者の方には幾つかのケースを考えてもらい、それらから論理を探していただきたい。

ともあれ、このようなキャンペーンがあるくらいに、私たちの生活はさまざまな「すること」に満ちている。毎日、眠らないわけにはいかないが、眠りから目覚めるとは行動の世界に帰還することだ、と言っていいほどだ。空白の未来に大きな夢を描き、その実現に向け、自分の人生の有り方を方向づけるような長い射程をもった行動もあれば、そのときそのときで流れ去る、どうということもない無数の行動もある。しかし、そのどれもが自分がどのような人間であるかを表している。こういう人間だからこういう行動をするのだし、また、いろいろな行動の積み重ねが己をつくっていく。そういう生成する円環を人は動く。

さて、「いろいろな行動」と述べた。人間は途轍もなく多様な行動をする。変わった行動をすると評判の猫の動画を多数集めても、レパートリーは知れている。人間の行動の多様性は人間が社会的存在であり文化をもつことと同根であり、歴

5

史の進展とともに加速度的に増大してきている。そして人はいろいろな状況に入り込んでゆかざるを得ないのであり、状況に応じたあれこれの行動を最善、次善のこととして為《な》そうとするし、うっかりした行動もする。

大変なのは、状況を構成するものの重要な一つに、周りの人々がいることである。人々は、人の振る舞いにさまざまな意味を見いだし、振る舞いとそのように振る舞う人とを評価する。行動するとは物的世界で体を動かすことを必ず含むのだが、その物的世界がすでに人につながれ、人々の意味世界へと引き込まれているのである。美味しそうな柿を見つけて捥《も》げば、柿の実が枝から離れる、物的には、それだけのことである。けれども人の世界では、この単純な行動が単純ではないことは、四歳の子どもでも知っている。そして、人が相手なら、ちらっ、ちらっと誰かを二、三度続けて見るだけで、思わぬ広がりが生じるかも知れないのである。

以上に述べたことは、人はよく承知していて、状況によって、こういう事情のうちのあれこれを考慮して行動する。ただ、この面を考え、別のときには別の面に想いが至り、と、そのときに重要だと思われることだけを考慮する。人間の行動が置かれた複雑極まりない諸相の全体を見渡しはしない。それで済むからである。

けれども、時に立ち止まって、全体の構造がどうなっているのか、こういう面とああいう面とはどうつながっているのかと調べ、検討する、これはやってみる価値があるのではないか。そして、そう試みることは、まさに哲学することなのである。

哲学は抽象的などうでもいいことを小難しくひねくり回すだけで役に立たないものだ、ということは断じてない。行動するとはどういうことか、本書の四つの論稿と一緒に考えてみよう。

（松永澄夫）

1

人はみな利己主義者か

竹内聖一

人はみな利己主義者か

「何読んでるんだい」

「サリンジャー」

「サリンジャーなんて哲学者いたっけ」

「哲学者じゃない。小説家だよ」

　意外だった。友人は読書家だが、読むのは哲学書に限られているとばかり思っていたからだ。学生時代、彼は哲学を勉強していたという。彼によると、哲学というのはあらゆる可能性を検討してみる学問なのだそうだ。しかしこの「あらゆる可能性を検討してみる」というのが厄介なのだ。彼の前で何か言おうものなら、こういう場合はどうなる、ああいう場合はどうなる、としつこく尋ねてくる。その問いに答えようとすると、僕は自分が何も分かっていなかったことに気づかされ、その度に彼は愉しげな顔になり僕は憂鬱な顔になる。

――話がそれた。見れば、先ほどから彼はページを繰る気配がない。というよりむしろ、ページのある一点を凝視しているといったほうが正しいようだ。そのことを彼に尋ねると彼は憮然《ぶぜん》としてこう言った。

「わからないんだ」

「わからないって何が？　そんなに難しいことが書いてあるのかい」

「いいかい。こう書いてある。「私が自分の求めているものをえり好みするからといって――今の場合はお金とか名声とか評価とか、そういうものの代わりに叡智とか平穏とかになるわけだけど――他のみんなみたいに自己中心的で、利己的人間じゃないということにはならない。それどころか、私なんか誰より自己中心的で、誰より利己的なわけよ！」」

「そこだけ読まれても何のことだかよくわからないよ」

すると彼はそれもそうだとうなずいて、小説――『フラニーとズーイ』というタイトルだそうである――のあらすじをざっと説明してくれた。

主人公の大学生フラニーは、周りの人間が揃いも揃って自己顕示欲の塊《かたまり》であることー――なんとかして人の目を惹きたいと思っていることに嫌気がさしている。そしてそのことで周囲の人間を非難せずにいられない自分に対して自己嫌悪に陥っている。しかし、彼女を本当に苦しめているのは、そのような自分もまた、人よりも優れた人間でありたいという欲望に取り憑かれているのではないか、という思いなのである。物語の中で彼女は信仰に救いを求めている。『イエスの祈り』という本が命じる通りに神に祈ろうとするのだが、これもうまくいかない。今度はお金や名声の代わりに、信仰がもたらす「心の平穏」によって、自分は人と張り合おうとしているのではないかという思いを振り払うことができないのである。

どんな難しい話を聞かされるのか、と身構えていた僕はいささか拍子抜けしてしまった。「自分のために」という気持ちをどんなに振り払おうとしても、気がつくとまた自分のために何かをしている。それは苦しいだろう。むしろ、なぜこの苦しさがわからないのか彼に聞いてやりたいぐらいだ。すると彼が口を開いた。

「利己的とか自己中心的というのは、他人よりも自分を優先させる人間のことだろう。ただ神に祈っているだけの人間がどうして利己的だっていうことになるんだ」

「利己的というか……立派な人間になりたいというその気持ちがすでに立派じゃないっていうことなんじゃないかな。その子の悩みと同じかどうかはわからないけど、僕も似たようなことを考えたことはあるよ」

「へえ、それはぜひ聞いてみたいものだね」

「簡単なことだよ。自分も含めて人間はみんな結局は利己的なんじゃないかって思うことがあるんだ」

彼はまるで宇宙人でも見るような目つきで僕を見てこう言った。

「君の言っていることもまったくわからない。だって人は現に利他的に振る舞っているじゃないか」

利他的な行為の消滅

「仮に君が仕事の約束に遅れそうになっているとしよう。道を急いでいると急病人らしき人が倒れている。たとえ約束の時間に遅れるとしても、やはり君はその人を助けるだろう」

「まあ、まず先方にこれこれこういう事情で遅れますって、おわびの電話を一本入れるけどね。まあ助けるかな」

「すると君はそこで、他人のために自分の時間を犠牲にしたわけだ。これが利他的な振る舞いでなくて何だろう」

「いや、そうとも限らないさ。僕がそうしたのは、助けないで素通りしたら、後で良心の呵責《かしゃく》に苦しんだり、自己嫌悪に陥ると分かっていて、それを避けたいからなのかもしれない。それにその人を助ければ、いいことをしたっていうんで気分もよくなる。もしそうなら、僕はやっぱり利己的だっていうことになるだろ」

「君も心の平穏というやつを求めているわけか。だとしても、自分の時間を犠牲にしたことには変わりない」

「そりゃ確かにそうなんだけど、それは自分にとっては、時間よりも心の平穏の方が大事だと判断したからなんじゃないか。たとえばさ、受験勉強とかダイエットみたいに、本当はやりたくないけど我慢してやるっていう場合、今は嫌だけど、最終的にはそれが自分のためになると思うからそれをやるわけだろう。人助けする場合も、それと同じじゃないか。助けないよりは助けた方が結局は自分のためになると思うから、助けるんだよ」

　僕がそう言うと、彼はしばらく黙り込んだ。

「つまり君はこう考えるんだね。何かするとき、人は必ずそれが結局は自分のためになると思っているからそうするのだ、と」

「そうだよ。もし本当に、それが自分にとっていいことだとは思えなかったのなら、そもそもそれをしなかったはずなんだ。たとえ嫌々でも現にそれをやったっていうことは、そうするのが結局は自分のためになると思ったってことなんだよ」

「すると問題はこうだ。人が何かするとき、必ず人はそれが自分のためになると思っているはずである。一方、利他的に振舞っている人は、それが自分ではなく他人のためになると思ったからそうしているように見える。この二つは両立しない」

「そうだね」

「そこで君は二つ目の主張を否定する。つまり、利他的に振舞っている人も「実は」それが自分のためになると思っているのだ、つまり、人は利己的にしか行為できないのだ、と」

「そうだよ」

「だが、そうなると困ったことになるのではないだろうか」

「どうして」

「君の言う通りだとすると、世の中に利他的な行為など一つも存在しないことになる。だが僕たちは現に利己的な行為と利他的な行為とを区別している。つじつまが合わない」

「別に問題ないよ。僕たちが利他的な行為と呼んでいるのは、実は利他的「に見える」行為だったんだよ。つまり僕たちが実際に区別しているのは利己的な行為と利他的に見える行為なんだ。でも、どちらも本当は利己的な行為なんだよ」

「どちらも利己的な行為だとしたら、その二つはどう区別されるのかな」

「そうだな……それをするのが自分のためだっていうことを隠さないのが利己的な行為で、それを隠そうとするのが利他的に見える行為ということになるかな」

「なるほどね。それじゃもう一つ答えてくれないか。「本当は」誰もが利己的にしか行為できないのなら、君が自分は利己的だって悩むポイントはどこにあるんだろう。君は「なんで自分は空を飛べないんだろう」って自分を責めたりしないだろう。僕だってそうだ。人間には空を飛ぶことなんてできないって分かってるからね。それなのにどうして利己的であることについては自分を責めるんだろう」

「利他的行為ってのは僕たちの理想なんだ。理想だからこの世に存在する必要はない。利己的な行為は利他的な行為よりもその理想から遠いから非難される。利他的に見える行為はその理想に近づいてはいるけど、やはり利他的行為そのものじゃない。自分のためっていう要素が含まれてしまうからね」

「つまり「純粋に」利他的な行為なんてこの世に存在しない、でもそれでいいんだっていうわけだね。しかし本当にそうだろうか」

「そうさ。君はそう思わないのかい」

さあどうだろう。確かめてみようじゃないか。そう言うと彼はいつもの愉しげな顔つきをした。

利己的であることをどう定義すべきか

「君の言っていることでまず僕が気になるのはね、良心の呵責を感じないですむとか、満足感を得られるとか、そういったことを自分の幸福に含めてもいいかどうか、ということなんだ」

「どうして?」

「もちろん君が言っているような事柄が君にとって「よい」ことだっていうのは否定しないさ。ただ、そういうものは、ある人が利己的かどうかが問題になる場面で僕たちが注目する幸福には含まれないんじゃないだろうか」

「どういうことだい」

「君は、利他的な行為とは、自分のためであることを隠している行為にすぎないと言う――そういうのは偽善だと言いたいんだろう。でも普通「偽善的」っていうのは、それが、本人の現実的な利益——金儲けだとか、自分や自分の会社の評判をあげるとか——のためなんだってことを隠しているって意味なんじゃないか。君が急病人を助けるっていう場合、そんなことはたとえ無意識にでも考えていないだろう。つまり君は偽善的でもないし、利己的でもないということだ。安心したまえ」

「それはそうかもしれないけど……それじゃ君の読んでいる本に出てくるフラニーって子は納得しないんじゃないか。だってそのフラニーって子は、心の平穏は自分の幸福だって考えているわけだろう。それなのに、そういうのは普通自分の幸福とは言わないから安心しろって頭ごなしに言われても、全然納得できないよ。なぜそう言えるのか説明してもらわないと」

僕がそういうと彼はまた少し考えた。

「百歩譲って、心の平穏とか満足感っていうのも、君が言うように自分の幸福に含まれるとしよう。それなら、もう一度僕が最初に言ったことを思い出してくれないか。利己的という言葉は、通常「他人の幸福を犠牲にしてでも自分の幸福を優先させる人物」に対して使われる。急病人を助けるとかお年寄りに席を譲るとかいう場合、君は他人の幸福を犠牲にしてはいない。他人を幸福にしつつ、自分の幸福も得ているんだ。つまりこの意味で君は利己的ではないということだ」

　今度は僕が考える番だった。確かに僕は他人の幸福を犠牲にして自分の幸福を得ようとしているわけじゃない。それじゃ、僕が他人のために何かをしようとしているときにいつも感じるあの居心地の悪さはいったい何なんだろう。

「いや、そうじゃない。他人のためになることをしているとき、僕は自分が無意識のうちに、それを手段として自分の幸福を得ようとしている気がしてしまうんだ。それでいつも落ち着かなくなるんだよ」

「なるほど。君は他人の幸福を犠牲にしてはいないが、他人の幸福を最終的な目的にして行為しているわけじゃない。むしろ、他人を幸福にすることはあくまでも手段に過ぎず、最終的な目的はあくまでも自分の幸福だ、ということか」

「そうだ。まるで他人を利用している気分になるんだよ」

「だが、君は他人を単に手段として使っているわけじゃない。だってほら、相手も幸福にしているわけだから」

「でも、くどいようだけどその最終的な目的が僕の幸福であることには変わりない。これじゃ純粋に利他的な行為とは言えないだろ」

「なるほど……どうやら僕たちは振り出しに戻ってしまったようだ。困ったね」

そう言いながら、彼の顔がますます愉しげになっているのを僕は見逃さなかった。

行為の結果がすべて行為の目的でもあるとは限らない

「君は、他人を幸福にすることは、自分が満足するための手段になっていると言っていたね。確かにそうかもしれないが、それで本当に君は、自分が幸福になるために人助けをしたのだということになるだろうか」

「どういうことさ」

「君が急病人を助けるとき、その目的は必ずしも満足感を得たいとか、良心の呵責をさけたいということだとは限らない。というのも、ある行為がある結果を達成する手段になっているからといって、その結果がその行為をする目的になっているとは限らないからだ」

「なんだかにわかには信じがたいね。具体例を出してもらわないと」

「たとえば、自分のしたことがその結果を達成する手段になっているとは知らなかった、という場合はどうだろう」

「というと？」

「どんな例がいいかな……そうだ、君はついに実家のそば屋を継ぐ決心をしたそうじゃないか。今の仕事、結構気に入ってたみたいだったけど、やめてしまって本当にいいのかい」

「いいんだ。もちろん色々考えたけど、うちのそば屋は結構歴史もある。それを自分の代で終わりにしてしまうのはやっぱりしのびなくてね――それで、この話は本題に関係あるのかい」

「そうだった。あの古株の店員さん、何ていったっけ」

「カネタさんのことかい」

「そう、カネタさんだったね。もし君が店を継いだせいで、カネタさんがクビになってしまったということが後で分かったとしたらどうだろう。君は知らなかったのだけれど、店にはもう一人余分に雇う余裕はなかったんだよ」

「失礼な。うちの店はそんな血も涙もないことはしないよ」

「もちろん、もしもの話だよ。そう気を悪くしないでくれ」

「まったく、もう少しましな例が思いつけないものかね。大体君は……」

なおもぶつぶつ言う僕にかまわず彼は続けた。

「この場合、君が店を継ぐことはカネタさんがクビになるという結果をもたらしたわけだ。しかし君は、かわいそうなカネタさんに「私をクビにしたかったから、ぼっちゃんは店を継ぐことにしたんでしょう」と言われても否定するだろう」

「まあそうだね。僕は自分の行為がそういう結果をもたらすなんて全く知らなかったわけだから。「それがお前の行為の目的だ」って言われても困る」

「しかし別の場合には君はまさにカネタさんをクビにすることを目的として店を継ぐことに決め、その結果カネタさんがクビになる、ということもあるだろう。こんな風に、たとえその行為がもたらした結果が同じだとしても、その行為がなされた目的までが同じだとは限らない」

「もちろん僕はそんなことはしないけどね。それでどうなる」

「つまり、君の行為から生じる結果のすべてが、君の行為の目的になるとはかぎらない、ということだよ。君は行為することで様々な結果を引き起こすけれど、その中のいくつかだけが目的になるんだ。そのためには、すくなくとも自分のしていることがその結果をひきおこすのだということを行為者本人が知っていなくてはならない」

「でも、急病人を助けるっていう場合、僕は急病人を助けることで、自分が満足するって知っているわけだろ。だからいま君が言ったことはやっぱり僕には当てはまらないよ」

「もちろんだ。だが、行為の結果が行為の目的にならない場合は他にもある。たとえば、君は急病人を助けることによって自分が満足感を得るだろうと予測してはいるが、急病人を助けることによって満足感を得ようと意図しているわけではないのかもしれない」

また話がややこしくなってきた。

予測された結果と意図された結果

「その二つのどこが違うのかよくわからない」

「もう一度さっきの例で考えてみよう。今度は、自分が店を継ぐことでカネタさんがクビになるということを、はじめから君は知っているものとしよう。そこから話は二通りに分かれる。一つ目のストーリーでは、君はカネタさんがクビになることは望んでいない。だがあえて店を継ぐことにする。それが死期の迫った親父さんのただ一つの願いだからだ」

「うちの親父はまだピンピンしてるよ」

「だから、もしもの話だって言ってるじゃないか。ともかく君はカネタさんがクビになるだろうと予測しつつ、やむを得ず店を継ぐと決めるわけだ。他方、もう一つのストーリーでは、君はカネタさんが親父さんの病気に乗じて店の乗っ取りを企てていることを知る。そこで、そうなる前になるべく穏便にカネタさんがクビになるようにしようと、店を継ぐことにする」

僕は、友人がカネタさんにひどい役回りを演じさせていることに抗議しようとしたが、他にましな例も思いつかなかったのでやめた。ごめんなさい。カネタさん。

「二つのストーリーのうち、君がカネタさんをクビにすることを目的としているのはどちらだろう」

「それは二つ目の方だと思うけど……」

「そうだろう」

「でもどちらのストーリーでも僕は、自分がそば屋を継いだらカネタさんがクビになるってことを知った上で店を継ぐことを選択したんだろ。それなのに、一つ目のストーリーでは僕はカネタさんをクビにすることを意図してなかったって本当に言えるのかな」

「もちろんだ、違いは君自身が一番よく分かってるじゃないか。一つ目のストーリーでは君は意図しておらず単に予測しているだけ――」

「だから、それは結局僕がそう思い込んでいるだけかもしれないだろ。それが単なる思い込みじゃないってことを、どうやってカネタさんに分かってもらえばいいのさ」

現実には起きなかったこと

「そうだな……現実に起きたことだけをみても、二つのストーリーに違いはないかもしれない。だが、現実には起きなかったことも考慮に入れていいなら、話は違ってくる」

「というと？」

「たとえば、親父さんに思いもよらない遺産が転がり込んできて、当座はカネタさんの分の給料も払えそうだってことが分かったとしたらどうだろう。つまり、君が店を継いでも、カネタさんはクビにならないことが分かった、ということだ。それぞれのストーリーの中の君はどんな風に振る舞うだろうね」

「そうだな……一つ目のストーリーの僕なら、自分が店を継いでもカネタさんがクビにならずにすんだことを単純に喜ぶだろうね。でも、二つ目のストーリーの僕なら、そのお金は店の改装費用に回すべきだとか何とか言ってカネタさんがクビになるようにしむけるか、さもなきゃ店を継ぐという決断自体を撤回するだろうね。カネタさんがクビにならないんなら、店を継ぐ意味もなくなっちゃうわけだから」

「そうだ。君としては今みたいなことをカネタさんに話して、なんとか分かってもらうしかない。ある場合には、現実に起きなかったことを引き合いに出さなければ、ある結果を意図していたのか、それとも単に予測していただけなのか、その違いを示すことはできないんだ」

「それで、ここまでの話を、急病人を助けるという話に当てはめるとどうなる」

「だからこの場合も、君の意図はあくまでも急病人を助けることにあって、それによって自分が幸福になることにはなかった。自分の幸福は、急病人を助けた結果として予測されているにすぎないんじゃないか」

「でもそうなると、さっきの話みたいに、「お前は急病人を助ければ自分が幸福になれることを知った上で助けることを選択したんだから、幸福になることも意図していたはずだ」ってことになるじゃないか」

「だったら、さっきと同じように、現実には起きなかったことを引き合いに出して説明すればいい」

僕は少し考えてみた。

「その場合の「現実には起きなかったこと」っていうのは、「人助けをしても僕は幸福にならないだろうということが分かった」っていう可能性だろ。もしそういう可能性があって、その場合、僕はその幸福を無理に得ようとはしないだろうって説明できればいいけど……そもそもそんな可能性、あり得るんだろうか」

「だめかな」

「だって、僕は人助けをしたら自動的に幸福になってしまうんだ。さっきの例みたいに、人助けをしたけど、満足できないってケースはそもそも想像できないよ」

なるほどそうか、と言って彼は黙り込んだ。いつもと違って、なぜか今日は彼の形勢が悪いようだった。ひょっとしたら今日こそは彼の口から「まいった」という一言を聞けるだろうか。僕はじりじりしながら、彼が口を開くのを待った。

「いや、まだ考えるべきことはある」

まだ終わってなかった。僕は、残念なようなほっとしたような、何とも言えない気分になった。

人助けの「最終的な」目的は何か

「人助けをしたら、君は自動的に幸福になってしまう。つまり君にとって人助けをすることと幸福になることとは表裏一体をなしているわけだ」

「そうだよ」

「それゆえ、君が自分の幸福「も」意図して行為していることは否定しようがないかもしれない。だが、たとえそうだとしても、僕には君の人助けの最終的な目的はやはり他人の幸福であって、自分の幸福――たとえば心の平穏などではないように思える」

「本当にそう言えるのかな」

確かめてみよう、と言って彼は再び議論を始めた。

「もう一度聞くが、君にとって人助けはなぜいいことなんだろう？」

「そりゃ人助けをしたら満足するからだろ。何回言わせるのさ」

「では、君はなぜ人助けをすると満足するのだろう」

「そりゃいいことをしたからさ」

「それで、満足するから人助けはいいことだというときの「いい」と、人助けはいいことだから満足するというときの「いい」は同じ意味なんだろうか」

「どういうことさ」

「僕が思うに、最初の「いい」は、君自身にとって「いい」ということだ。他方、二番目の「いい」は、他人にとっての「いい」ということなんじゃないだろうか」

「それでどうなる」

「いや、人助けをする時、君が本当に目指しているのは、どっちの意味での「いい」ことなんだろう、と思ってね」

「だから、何回も言うように、僕が目指してるのは、最初の意味で「いい」ことだよ」

「本当にそうだろうか。さっき話題にした、そば屋を継ぐという事例で考えてみよう。君は親父さんを楽にしてやろうと店を継いだのだが、それによって親父さんは毎日の張り合いを失い、急に老け込んでしまったとしよう。つまり、君の行為によって、親父さんはかえって不幸になったと言っていいだろう。どうだい」

「そう言っていいだろうね」

「それで、君は平気でいられるだろうか」

「そりゃ、もし本当にそうなったら平気ではいられないよ。親父にもう一回店を手伝ってもらうか何かして、元気になってもらおうとするだろうね」

「そうだろう。だが自分が満足できればいいというのなら、君は親父さんが本当に幸福になったかどうかなんてことは気にしないはずだ。人助けをした時点で君はすでに満足感を得ているわけだからね。つまり君が人助けをする本当の理由は自分が満足することではなく、相手を幸福にすることだと、こう結論できる」

相手が本当に幸福にならなければ君が満足しないのは、君の人助けの最終的な目的が相手の幸福だからなんだよ、と彼は言った。

「なんだか納得いかない。うーん……どう言ったらいいのかな。そうだ、それは偽物の満足なんだよ。相手が本当に幸福にならないのだとしたら、僕も本当の意味では満足できないんだ。だから、人助けの最終的な目的はやっぱり自分の幸福だと言える」

「なるほど、本物の満足と偽物の満足ね。しかしそのどちらも、君が内心満足していることには変わりないんだろう。それなのに、なぜ君は偽物の満足では満足できないのだろうか。僕が聞きたいのはその理由なんだ」

そこで彼は言葉を切って、僕の顔をまじまじと見た。

「――それは、君の最終的な目的が、他人の幸福だからではないだろうか」

純粋な利他主義者

「確かにそうかもしれないけど、それだって結局は自分のためだって言えるんじゃないかな」

「というと?」

「もし、親父が自分のせいで不幸になったとしたら僕には心の平穏は訪れないだろ。それを知ってるから僕は親父が実際に幸福になることを望むんだとも考えられる。それなら、人助けの最終的な目的はやっぱり自分の幸福だと言えるんじゃないか。意識してないだけで、やっぱり僕は自分の幸福を求めているんだよ」

「それはそのように考えることも可能だというだけのことだ。あることが可能であると示しても、実際にそうであることを示したことにはならない。それはあくまで仮説だ」

「それを言ったら君だってそうじゃないか。僕がした説明と君がした説明、どちらにも正しい可能性があるってことだろ。つまり僕が人助けによって幸福を感じる限り、僕が利己主義者だっていう可能性は消えないってことだ。僕が純粋な利他主義者になれない以上、この悩みは一生僕について回るんだよ」

　それを聞いた彼は、やはりその点に触れざるを得ないか、とため息をついて口を開いた。

「君は少しでも人助けに幸福を感じてしまったらその人はもう利己主義者なのだという。では、君の言う理想的な利他主義者とは一体どのような人物なのだろうか」

「決まってるじゃないか。ただ他人の幸福だけを願って――つまり、利己心など全くなしに利他的に振舞うことのできる人のことだよ」

「そこが不思議なんだ。君の言う通りだとすれば、その人は他人が幸福になっても、まったく幸福を感じないんだろう。それなのになぜ他人の幸福を望んでいると言えるんだろう」

「なぜそれが問題になるのかよくわからないな」

「いいかい、ある人が何かをしたいというなら、それは、その人は、その何かが自分にとっていいことだと思っているということだ。しかし、君の言う純粋な利他主義者は「他人を幸福にしたい」と発言する一方で、「その他人の幸福は自分にとっていかなる意味でもいいことではない」とも発言するんだ。これが矛盾でなくて何だろう。僕たちはそのような人物を本当に理解できるのだろうか」

「それがそんなに悪いことだとは思えないね。っていうか、純粋な利他主義者は理想なんだ。だから僕たちの理解を超えていたってかまわないんじゃないか」

「たとえ理想だとしても、その人物はやはり僕たちに理解可能でなくてはならない。たとえば丸い三角形はこの世には存在しないけど、それはこの図形が理想化されたもので、現実の世界では描けないからじゃない。丸い三角形という概念自体が矛盾を含んでいるから、そんなものはこの世には存在しないんだ。君の言う純粋な利他主義者もそれと同じなんじゃないだろうか」

「そうかな……」

「問題はこうだ。君が言うように、純粋な利他主義者は、他人が幸福になっても何ら満足感を感じないのだとしたら、その行為はその人自身にとっていかなる意味でもよいものとは言えない」

彼は「その人自身にとって」というところに力を込めて言った。

「そうなると我々には、「他人を幸福にしたい」というその人の発言は理解不可能になってしまう。他方、それを避けようとすれば、何らかの意味でその行為はその人自身にとってよいことだったと言わざるを得なくなる」

しかし君の主張にとってはこちらも問題だ——と彼は言った。

「その人はその行為が自分にとってよいことだと考えていてはいけない。その場合、その人は他人の幸福に満足を感じるはずだから、君の主張に照らせば、やはり利己的だということになってしまうからね」

「じゃあどうしたらいいんだ。どっちを選んでも行き止まりじゃないか」

「そうだ。だがそれは君が利他主義を誤った仕方で特徴づけているからだと思う」

「誤った仕方って？」

「だから、真の利他主義者は他人の幸福にいかなる満足も感じないはずだ、という君の主張だよ。それがすべての間違いのもとだとは思わないか」

自分の幸福と、自分たちの幸福

「利他主義者は他人の幸福にいかなる満足も感じない——この前提を放棄すれば、

君の言う純粋な利他主義者は、僕たちにとって理解可能な存在になる。その人は他人の幸福に何らかの意味で満足を感じるのだから、その人にとっても他人の幸福はいいことになるわけだ」

「でもそれじゃその人は利己主義者だってことになっちゃうんじゃないか」

「そうはならないかもしれない」

「どうしてさ」

「自分の時間を犠牲にして急病人を助けるという場合、君には二つの思いがある。一つ目は、その行為は自分にとっていいことではないという思い。二つ目は自分にとってその行為はいいことだという思いだ。これまで僕たちは、この二つ目の思いを、人助けは「結局は」自分にとっていいことだという思いとして解釈してきた。だが、これは間違いだったんじゃないだろうか」

「よくわからないね。「結局は」自分にとっていいってこと以外に、自分の時間を犠牲にすることが、自分自身にとっていいなんて言えることがあるんだろうか」

僕も「自分自身にとって」というところを強調してみた。それを聞いた彼は、分かっているさと言って先を続けた。

「その行為は君個人ではなく、君たち――すなわち君と急病人の二人にとってい
いことなんじゃないだろうか」

「なんだかさっきの話から一歩も進んでないように思えるね。要するに、急病人にとっては助けてもらえるからその人にとっていいことだ。そして、僕にとっては助けたことで満足できるから、僕にとってもいいことだっていうんだろ」

「違う。僕は、君の行為が君と急病人の「それぞれにとって」いいことだった、と言ってるんじゃない。僕が言いたいのは、君の行為は、君と急病人をまとめた「二人にとって」いいことなんじゃないか、ということだ」

「どういうことなのかよくわからないな」

「たしかにこの例だと分かりにくいかもしれない。だが、君がそば屋を継ぐという場合はどうだろう。君は、そば屋を継ぐという選択は君個人にとってはベストではないが、君を含めたそば屋全体にとってはそれがベストだと判断したからそば屋を継ぐことに決めたんじゃないのかい」

「そう言われればそんな気もするけど」

「実際そのはずだ。そのために君は今の仕事を途中でやめることになるわけだ

から」

「でも言っただろ。もし僕がそば屋を継ぐっていう選択をしたのなら、それは、結局はその選択が自分にとっていいと判断したからだ。だからこの選択は僕自身にとってもベストだったんだよ」

「確かに君は、誰かのために何かをすることは、ダイエットや受験勉強と同じだと言っていたね。だが僕はそうは思わない」

「どうしてさ。同じことだろ」

「個人の場合なら、今我慢したことが将来報われるとしたらそれは必ず君自身だ。だから今の自分をあえて犠牲にするのがベストな選択と言えることもある。だが、誰かのために何かをする場合はそうじゃない。今君が払った犠牲によって恩恵を得るのは君ではないかもしれない。そう考えると、誰かのために自分を犠牲にすることは、君個人にとってはベストな選択とは言えなくなる。それでもあえてその行為をしたのであれば、君は君自身よりもその誰かを優先していると考えざるを得ない」

「でもそれなら、その行為はやっぱり僕じゃなくてその誰かにとっていいものだった、ってことになっちゃうじゃないか」

「そうだ。だから、その「誰か」には君自身も含まれていなければならない。そうしないと、その行為が君にとってもいいとは言えなくなってしまうからね。君は君個人の視点ではなく、君が属している何らかの集団の一員の視点から、その集団のために君を犠牲にする行為をいいと判断しているんだよ。つまり、君にとっていいというのは、二通りに解釈できる。一つはこれまで問題にしてきた、君個人にとっていいという意味、そしてもう一つは、今新しく出てきた、君の属する集団にとっていいという意味だ」

彼の話は筋が通っているようだった。でもなんだかしっくり来ない。僕が口を挟まずにいると、彼はさらに続けた。

「そう考えると、君が気にかけている、人助けに伴う満足感に対する解釈も違うものになってくる。それは君が君個人として感じているものではない。君が属している集団の一員として感じているものなんだよ」

さらなる問題

「たしかに君の言う通りかもしれないけれど、なんだか釈然としない」

「どうして」

「誰かのために何かをするっていうとき、その誰かには僕は含まれていないという直観が僕にはあるんだ。それに、そば屋という集団になら僕は属しているって言えるかもしれないけど、通りすがりに出会った急病人と僕は一体どんな集団に属してるって言うのさ」

「そうだな……人類全体とか」

「それはあまりにも広すぎるんじゃないか。それにそういう場合、僕が急病人を助けることは、どうして僕を含めた人類全体にとっていいことになるのさ」

「それは——考えてなかった」

「何だ、まだ終わってないじゃないか。ところで、フラニーって子の気持ち、少しは分かったのかい」
「いや、それは全然わからない」
「やれやれ」

［読書案内］

J・D・サリンジャー（村上春樹訳）『フラニーとズーイ』、新潮社、二〇一四年
本文九頁で引用されている台詞は、この本の二一五頁に登場する。

柏端達也『自己欺瞞と自己犠牲』、勁草書房、二〇〇七年
本文十一－十三頁で述べられているように、我々がもっている直観を突き詰めていくと、はじめ利他的行為と見えたものが、利他的行為とは言えなくなってしまうように思われる。このことは、この本の四五－五二頁において詳細に述べられている。
また、三五頁以降で論じられる、「自分にとってよい」ということを「自分個人にとってよい」と「自分の属する集団にとってよい」という二通りに解釈するアイデアは柏端のものである。これについては、この本の一六五－二〇〇頁をみよ。

R・ノーマン（塚崎智訳）『道徳の哲学者たち』、ナカニシヤ出版、二〇〇一年
本文十八－十九頁で触れられている「他人を幸福にするのは自分が幸福になるための手段でしかないのではないか」という指摘は、プリチャードのものを参考にした。詳しくはこの本の六九－八三頁をみよ。

J・レイチェルズ（古牧徳生・次田憲和訳）『現実を見つめる道徳哲学』、晃陽書房、二〇〇三年

G・ハーマン（大庭健・宇佐美公生訳）『哲学的倫理学叙説――道徳の〃本性〃の〃自然〃主義的解明』、産業図書、一九八八年
「人はみな利己主義者である」という主張に対する批判については、レイチェルズの本の六九－八一頁、ハーマンの本の二三七－二六八頁をみよ。

野矢茂樹『哲学・航海日誌II』、中公文庫、二〇一〇年
本文二五－二六頁で論じられているように、我々が何を意図していたかを明らかにするには、時として、現実に起きたことだけでなく、現実に起きなかったことにも訴える必要がある。これについてはこの本の三八－四〇頁をみよ。

2

自由という難問

湯浅正彦

自己幸福と道徳的な善、そして道徳的な自覚

学生　先生！　遅くなってすいません！　ハアハア……

教師　おお、どうしたね。そんなに息を切らせて。ちょうど約束した時刻だよ。遅刻ではないよ。

学生　いえ、なにしろ、ハアハア、ノーベル文学賞の声もかかっている作家のH・Mの新刊の小説を読んでいたら、これが面白いのなんのって、つい没頭してしまって、ふと時計を見たらお約束の時間に間に合うにはぎりぎりで……もう、椅子から飛び上がるように立ち上がって家を出てきたんですが。

教師　なるほど、それでそんなに……。感心なことではある。でも、事故にでもあったらどうするね。余裕をもって行動するようにするのが、分別《ふんべつ》というものだ。

学生　わかりました。今後は気を付けます。ところで、今日の話題は「自由」でしたよね。そんなに「難問」なんですか。

教師　それはもう、難問中の難問だよ。およそ哲学的な問題は、それを論じる者の哲学的な力量のバロメーターだと言っていいが、「自由」はことにそうだ。力量があればあるほどに、難しさが見えてきて、とても安易には手が出せなくなる。当然ながら、今日の面談だけで、論じるべきことを論じつくすなんてことは、とうていできないね。たかだか「準備的」な議論の域にとどまらざるをえないんだよ。

学生　そんなものなんですかね。でも、私には簡単に思えますがね。したいことをして生きられれば、それが自由なんじゃないですか。そして、それこそがよい人生というものでしょう。また怒られるかもしれないけれど。

教師　別に怒りはしないけれど、君のその考えと君の現実の行動——哲学用語としては「行為」の方が適当だと思うので、以下ではそう言う——とは合っていないことに気づいているかね。

学生　え、どういうことですか。

教師　君は読書をとても楽しんでいたんだろう。

学生　そうですよ。

教師　そして君は、そうしたいと思えば、読書をずっと心ゆくまで楽しめたはずなのに、そうはしなかった。どうしてかね。

学生　それは、先生との面談のお約束があったからです。

教師　つまり、君にとって、約束を守ることは、読書の楽しみの〈よさ〉に優先する「善《よ》い」こと――私が思うに、道徳的な意味で「善い」こと――だったからだろう。

学生　そう言っていいでしょうね。

教師　だが、重ねて訊《き》くが、約束を守ることはなぜ「善い」のかね。

学生　それは、社会人としての、いや、まともな人間としての常識でしょうが。「約束は守るべし」だし、もし守らなければ嘘をついたことになる。「嘘は言うべからず」ですよ。これを哲学の術語《じゅつご》では「当為《とうい》」、つまり「当《まさ》に為《な》すべきこと」とか言うんでしょう。

教師　その通りだし、いまの君の答えは、常識のレヴェルでの答えとしては一応よい。だが〈原理的根本的に考える〉というのが哲学のやり方であることぐらいは、君も承知しているだろう。あえて、重ねて問う。なぜ、約束を守ることは「善い」のであり、約束は守るべきなのだろうか。

学生　やれやれ、原理的根本的とおいでなすったか。ちょっと待ってくださいよ……

うん、そうですね。こういうのはどうでしょうか。約束が一般的に守られないとすると、約束すること自体が成立しなくなる。そうすると、社会的な人間関係がメチャクチャになって混乱が生じて、社会で暮らすひとびとの幸福が阻害《そがい》される。だから、約束は守るべし。――どうですか。

教師　そうドヤ顔をするものではない。でも素晴《すば》らしい。見事《みごと》な答えだし、もっと洗練すれば哲学的な見解の一つとしても通用するだろう。だが……

学生　だが、なんなんですか。恐いなあ。

教師　いや、別に恐くはないよ。一般論じゃなくて、君自身のことに差し戻してさらに問いたいのだ。仮に君が読書の楽しみにふけって少しぐらい遅刻したとしても、私は人間が出来ているから平静を保てる。すると、だな。その場合の方が、われわれ二人に関しては、君の楽しんだ分だけ、幸福が増大するのではないか。

学生　それは、たしかに、そう……かもしれませんね。

教師　たしかに一般的には約束は守られるべきだろう。だが、個々の場合には、むしろ約束を守らない方が当事者たちの幸福が増大する場合も多いのではないか。だとすれば、あくまで例外としてならば、場合によって約束を守らなくても「善い」、それどころか、むしろ守らない方が「善い」、ということになろう。

学生　一理《いちり》あるってやつでしょうね。でも、そういうのって、いやだなあ。

教師　どういうことかね。説明できるかね。

学生　だって、そういう人間は信用ができませんよ。自分の幸福を一番に重視して、それによって約束を守ったり、守らなかったりする。そういう奴は、いつ嘘をついて他人を落としいれるか知れやしない悪者《わるもの》だ。そんな

教師　のとは付き合いたくないな。いや、お尋ねは、私はどうか、ということでしたね。他人はどうあれ、私はそういう人間になりたくないですね。ふむ、君は道徳的に善い心の在《あ》り方——「心術《しんじゅつ》」と哲学用語では言う——をもっている。それを大事にするがいい。だが、この世の暮らしのうちでは、そういう心術をぐらつかせ、くつがえしかねないような状況にまま遭遇するものなのだがね。

学生　そうですかね。……それで、話はどうなるんですか。

教師　なに、すでに君が言ったことのうちに含まれていることを見直せばいいのさ。

学生　どういうことです。

教師　君は社会全体であれ、そのうちの若干のメンバーであれ、また個人であれ、当事者の幸福——「自己幸福」と言えば一層明瞭になる——を増大させる（あるいは阻害する）ことが、行為が道徳的に「善い」（あるいは「悪い」）と判断するための基準になると主張していたはずだ。だが、自己幸福とは独立に、それと無関係に、嘘をつくことを道徳的に悪いと、逆に、約束を無条件に守ることを道徳的に善いと、認めたことになるだろう。

学生　そういえば……そうですね。

教師　われわれが生きることは自己幸福を図って、そのためにいろいろな行為をすることであると言ってよかろう。それは、人間としての自然本性《しぜんほんせい》であると見てよかろう。だが自己幸福の無条件な追求は道徳的に悪い行為を生じさせることがある。約束を守る、嘘をつかない、といった条件を満たさないような仕方で自己幸福を追求するような行為は、また、そういう行為を生じさせるような心術は、道徳的に善くない、悪いのだ。

学生　また、だいぶテンションが上がってきてますけれど、結局は、嘘をつかない、約束を守るといった行為をしさえすればいいんでしょうが。だったら、そういう行為をすることによって社会的な信用が得られる、学校でだったら教師の評価がよくなって、企業でだったら上司のお覚えがめでたくなって、いろいろと自己幸福とやらの達成に役立つだろうから、やっぱり自己幸福だけにもとづいてそうした行為をするというので十分「善い」んじゃありませんか。

教師　君は先ほどの自分の発言を覚えているかね。

学生　なんでしたっけ。

教師　そういう悪い人間にはなりたくない、と自分で言っただろうが！

学生　そうでした！

教師　道徳的な悪《あく》や善《ぜん》にかかわる本来の場面で君に問われるのは、自己が自己をどうするか――あるいはむしろ、後で問題にするように、どのような自己を創造するか――、具体的には、どのような心術を形成するか、なのだ。つまり、自己幸福を無条件に是認し、それに好都合な場合にのみ「約束を守るべきだ」とか「嘘を言うべきではない」といった規則――「格律《かくりつ》」と哲学用語では言う――に従って行為するか。それとも、逆に、道徳的な格律――これは、後で取り上げるが、「道徳法則」と言ってよい――を無条件に是認し、その条件に反しないかぎりにおいて、自己幸福を追求するような行為をするか、だ。これが肝心要《かなめ》なんだ。

学生　先生、なんだか恐ろしいような感じがしてきました。そこまで「自己」

が問われるものなんですか。

教師　問われるというよりは、自己が自己自身を問題にするのだ。そして、そういう仕方で自己自身を問題にするのが、われわれ各自の「本来の自己」にほかならないのだ。

学生　なんだか、抜き差しならない、逃げ場のないような……

教師　ない。それを知ることが、道徳的な自己知――あるいはむしろ「自覚《じかく》」――である。

自己規定としての自由、自己と世界の創造の活動、そして決定論

学生　でも「自由」の話はどこへ行ったんでしょうか。

教師　これまた、すでに述べたことを見直すならば、「自由」についてもすでに語られていることに気づくはずだ。君、「自由」という言葉をよく見てごらん。

学生　もしかして「自」と「由」から出来ているとか……
教師　そうさ。で、「自」とは「自己」であり、「由」とは「由《よ》る」、さらには「拠《よ》る」ということなのだ。合わせるとどうなるね。
学生　つまり、行為が自己に由る、ないしは拠る、というのですか。
教師　行為の現場は勿論《もちろん》重要だが、根本的には、その都度「嘘を言うべきでない」とか「約束をまもるべきだ」といった格律を自己のために自己が立て、それによって自己の在り方を規定（決定）して行為すること、そして、それが自己のみを根拠として、自己のみから由来するということが核心なんだ。
学生　なんだか目まいがしそうな……。本当にそれが、われわれの自己とその「自由」の本性なのでしょうか。
教師　そうだ、と言わねばならない。
学生　それじゃ、先ほど私が、先生との約束の刻限に遅れないため、椅子から立ち上がったそのときに、私はそうした自己として「自由」の活動をした、というのですか。

教師　まさにそうだ。いくらか哲学的な術語を導入すれば、そうした「自己規定」の活動こそが「自由」であって、その能力を「理性《りせい》」、行為にかかわるがゆえに、正確には「実践的理性《じっせんてきりせい》」と称する──これが、とりもなおさず「意志」である──のであり、これを具《そな》えるがゆえに、われわれ人間は「理性的存在者」と言われるのだ。

学生　「理性」ですか。それが私の自己の真相だというのですか。嬉《うれ》しがっていいのか、悲しんでいいのか……。でも、われわれの自己というのは、そんなにご立派なものなのでしょうか。

教師　なにが言いたいのだね。

学生　なにね。実を言いますと、あの小説はあんまり面白いものだから、約束の刻限が近づきつつあるのを知ってはいたのですが、もう少し、もう少しだけ、とつい読みふけってしまいまして。有体《ありてい》に申し上げて、少しばかり遅刻してもかまわん、読みつづけようかな、なんて思っていたところもあったような……

教師　ふうー！　……でも君は、ここで椅子から立たねば遅れてしまうという

学生　「いま、その瞬間」という〈時機《とき》〉に、まさしく立ち上がったのだろう。
それはそうですが。でも、立ち上がらないこともありえたという気もするし、そう考えると「理性的存在者」なんて、そんなご大層《たいそう》な……
教師　いや、その〈時機〉に君は「自由」によって、一定の生き方をする自己自身を、かつまた、その自己が生きる世界を創造したのだ。
学生　そんな、おおげさな！　私はしがない一介の学生で、この世界の片隅をはいずりまわっているだけで、ものの百年も経たないうちに、この世界から跡形《あとかた》もなく消滅してしまうのが落ちでしょうに。「創造」なんて……
教師　では、尋ねよう。君は現に椅子から立ち上がり、この研究室での面談のために途《みち》を急いだ、──これが現実の世界を構成する一つの出来事であることを認めるだろうね。
学生　それは、その通りです。
教師　だが、仮に君が椅子から立ち上がらずに、小説を読みつづけてこの面談をすっぽかしたとしよう。その場合、世界を構成する、少なくとも一つの出来事は違ったものになったろう。

学生　そう言ってもいいでしょう。

教師　世界の全体とはそうした出来事の総体であると考えるならば、そのうちの一つの部分が違えば、全体としても違ったものになる。そうではないか。

学生　すると、では……

教師　そうとも。君がこの面談に来た世界と、それをすっぽかした世界とは別のものなんだ。君は、君の行為によって、自己がこの面談に来た世界を、そうした自己とともども創造した、ということになる。しかもそれは、君が約束を守った一行為を含む世界であり、道徳性の観点からすれば、より善い世界であるということになる。

学生　ずいぶんと、壮大な話ですね。

教師　われわれの各自は、一度切りこの世界で自己の人生を生きる。各自の人生は、言うならば各自の諸行為すべてからなる作品であり、人間にとって世界とは、そうした各自の人生の総体であると言えよう。君はその都度の行為によって、そうした人間の世界――道徳的な観点からして「道徳的世界」と言うべきもの――を創造する活動の一翼《いちよく》を担っているのだ。

学生　うわ、たまらんわ、これは。たかが今日の面談に来るかどうかで……。

教師　いや、これは失礼しました！

……「一期一会《いちごいちえ》」という言葉がある。この言葉を君に贈るから、その意味をよく考えたまえ。私を教えてくれた先生がたはすでに皆この世にいまさない。だが彼らが贈ってくれた言葉の幾つかは、いつも私のうちに、私とともにあり、顧みるたびに私に教えてくれるところがある。

学生　なんだか、センチメンタルになって来ましたね……

それでは、少し違った角度からお尋ねしてもいいですか。

教師　どんなことかね。

学生　私は生物学や心理学にも興味をもっていまして、その方面の書物――といっても、入門書、解説書のレヴェルのものですが――をよく読むんですよ。

教師　それは、とてもいいことだ。科学は、或る意味で世界――自然と言ってもいいし、宇宙と言ってもいい――におけるわれわれ人間の在り方について、きわめて信頼すべき知識を提供してくれるからね。ただし、科学知識とそれが描き出す自然の姿（自然像）は、無批判に受け入れるわけにはいかないいし、哲学的にいろいろな問題を含むものであることには注意すべきだ。

学生　なんだか先手を打たれたような……。でも仕切り直して申し上げるならば、たとえば、私が椅子から立ち上がるには、脚のいろいろな筋肉が然《しか》るべく収縮したり弛緩《しかん》したりする必要があるし、そのためには脳をはじめとする神経系において、然るべき情報が電気によって伝導されたり、化学物質によって伝達されねばならない。また、「立ち上がる」ことは、地球の重力場で起こる現象だから、当然重力の法則が介在している……

教師　要するに、諸々の自然法則に従って作動《さどう》する物質的なメカニズム（機械《きかい》仕掛《じかけ》）としての身体が地球の自然環境に置かれていなければ、椅子から立ち上がるという行為は生じえない、と言いたいのだね。

学生　そうなんですが、さらに、そうした物理・生理学的な面だけではなくて、それを基盤として、人間の心の在り方、とりわけ性格も、これは社会的・歴史的・文化的な環境も介在して心理学的な諸法則に従って形成されると見るべきではないのでしょうか。……そんな難しいことを言わなくても、私の性格は、生まれてからこの方、親兄弟や親戚、隣近所の人たち、長じては学校の教師や生徒たちとの交流のうちで形成されたものだし、そこには、マスメディアから提供されるさまざまな情報も影響していたことは否定のしようがないと思うんですよ。

教師　それで、どうだというのかね。

学生　だから、そうした諸々の自然法則に従って私の性格も形成されていて、一定の経験的な諸条件のもとでは、一定の行為を必然的に行なうように決定されているのではないでしょうか。

教師　ふうー！　決定論、正確には科学的決定論だね。

学生　あ、否定するんですか。

教師　いや、否定はしないし、ありそうなことであるとは思う。少なくとも、科学とは、対象としての自然現象の在り方を必然的に決定するような法則を探究するものだという考え方には、相当の説得力があるとは思う。

学生　それには、いろいろ問題もありえるだろうけれどね。ともかく、自然法則に従った決定というのは、具体的には、行為が一定の性格を原因として、それによって結果として必然的に生じることだし、その性格は世界のうちのさまざまな原因によって、これまた自然法則に従って結果として必然的に生じるのだ、と言えるのならば、私が或る行為をしたとしても、それは必然的で、他《ほか》ではありえないように決定されていたのではないですか。

教師　それは、因果的な決定論と言うべき考え方だ。ともあれ、「自己規定」の活動が「自由」だとしても、それは世界の因果的なメカニズムによって必然的に決定されていて、他ではありえない。だから、君がたとえばこの面談をすっぽかしたとしても、それは、君の自己に責任があるのではなく、君の自己をそういうふうに形成し決定した世界だか自然だかに責任があるのだから、君を責めるのは筋違いだと、そう言いたいのかね。

学生　……でも、そうすると、個人に行為の責任を問うことができなくなるし、行為の善悪を言うことも意味のないことになってしまいそうな……。それが事の真相なんでしょうか。

教師　その問いに答えるには、いま君が言ったことをていねいに吟味してみる必要があるんだ。哲学的な探究には忍耐と持続が必要だと、いつだったか言っておいただろう。

学生　そうでしたね。

自由の主体として認めあうこと、自然因果性に対する統制的な機能

教師　あまり君の行為《こと》ばかり問題にするのは気の毒だから、別のありそうな行為を例に取ろう。たとえば、或る人間が悪意をもって嘘をついたところ、それが社会的な混乱を生じさせたとしよう。

学生　なんだか抽象的ですね。

教師　まあ具体的には、たとえば、社会的に広く流通している或る企業の製品

に、深刻な健康上の被害をもたらす危険があるというような事実無根のデマを流したところ、パニックが生じてしまった場合なんかを考えればよかろう。

学生　あ、それは「営業妨害」という犯罪に該当するという話を法学の授業で聴きました。

教師　ともかく、その人間がそうした悪い行為（犯行）に及んだ経緯《いきさつ》については、性格における軽率《けいそつ》さ・無思慮・生まれつきの破廉恥《はれんち》などが原因として指摘でき、そうした性格は、まともな教育を受けずに悪い仲間と交際したことが主たる原因になって形成され助長されたことが明らかになったとしよう。また、当該の行為を生じさせた具体的な誘因として、たとえば、その企業の経営者が最近のインタヴューでした発言がひどく彼の反感をかき立てたことがあり、被害を生じさせて鬱憤《うっぷん》をはらしたのだとしよう。

学生　だんだんもっともらしいストーリーになってきましたが、犯罪の捜査においてはもっと本格的で徹底的な調査が行なわれ、原因解明がなされるんでしょうね。

教師　それは人間《ひと》一人を告発し裁くのだから当然そうだろう。ところで、いま問題にしたいのは、その行為をした人間が非難に値《あたい》するかどうかだ。どう思うかね。

学生　それは、やっぱり非難されるべきなんじゃないですか。たとえ、いろいろな事情を調べてみて、そういう性格の人間がそういう状況ではそうした行為に及ばずにはいられないとしたって、やっぱりそんなことはすべきではなかったんだから。

教師　「すべきでなかった」というのは、「しないでいることもできた」ことを含んでいるのに気づいているかね。

学生　え、そうかなあ。

教師　君は先に、われわれ人間の行為が因果的に必然的に決定されているならば、責任を問うことができなくなると言ったろう。逆に言えば、責任が問え非難することができるためには、必然的に決定されてはいないこと、目下の場合で言うなら、その行為をしないでいることもできたこと、が前提となるはずだ。

学生　ううん。そうか……。でも矛盾してませんか。

教師　どういうふうにかね。

学生　だって、目下問題にしている人間の行為が因果的に必然的に決定されて生じたこと、つまりは「そうせざるをえなかった」こと、は先生も認めるんでしょう。

教師　そうだ。

学生　にもかかわらず、その人間に、当の行為に関して責任を帰し、非難するためには、「そうすべきではなかった」、つまり「そうしないこともできた」と前提せざるをえない。でも「そうせざるをえなかった」と「そうしないこともできた」とは両立しない、つまり矛盾でしょう。

教師　筋は通っている。だが、事態を明らかにするために、整理して述べ直そう。つまり、あの人間の行為は、自然のうちで因果的に必然的に生じたこととして認識することが（少なくとも原理的に）できるとしておこう。他方しかし、われわれは、その行為に関して、あの人間に〈究極の原因〉を求めて、しかもその行為をしないでいることもできたことを前提するがゆえに、当人に責任を帰し非難することができるのだ。

学生　〈究極の原因〉て、まさか、それは……

教師　そう、「自由」だよ。自然法則に従った因果関係――これを「自然因果性」と称する――においては、原因は、それ以外のものによって規定されることによって原因として働き、結果を生じさせる。だが「自由」、すなわち「自己規定」の活動においては、われわれの各自は他《た》によらず、自己によってのみ自己を規定し行為を生じさせる〈究極の原因〉なのだ。その働きを「絶対的《ぜったいてき》な自発性《じはっせい》」と称するのだ。

学生　ちょっと待ってください。でもあの矛盾はどうなるんですか。

教師　君は例の行為をした人間に責任を帰し非難せずにはいられないのだろう。

学生　それは、そうですが。

教師　われわれ人間にとっては、それが第一次的な事柄なのだ。われわれ「理性的存在者」は、自己と他者とを、諸行為の〈究極の原因〉として前提しあうこと、すなわち「自由」の主体として認めあうこと、が生き方の根本なのだ。そして、そこにこそ「人間性」や「人格」の「尊厳」と言われるもの、すなわち「絶対的な価値」が存する。逆に、因果的な必然性に操られているだけの木偶《でく》人形のように人間を見るのは、むしろ例外的、ないしは派生的なことなのだ。

学生　でも、でも、やっぱりわれわれの行為だって自然における因果関係――自然因果性ですか――によって認識され説明されうることは認めるんでしょう。

教師　その通りだ。

そこで注意すべきは、自然因果性は、道徳的に悪い行為にとってだけではなく、善い行為にとっても必要条件だということだ。君が読書の楽しみを投げ打って面談にやって来たという善い行為も、諸々の自然法則に従った因果的な出来事であることを君自身認めていたではないか。道徳的に善かろうと悪かろうと、われわれの行為は自然因果性によってしか実現することはできない。そして、思うに、行為の「いま、その瞬間」こそは、「自由」によって、それまでは未確定だった自然因果性がまさに確定する〈時機〉なのだ――それはまた、前述のように、「道徳的世界」創造の〈時機〉でもある――。

学生　そうなのかもしれませんけれど、まだ釈然《しゃくぜん》としないなあ。

教師　では、理解を得やすくするために、もう一つ別の例を出そう。

学生　お願いします。

教師　最近脳神経科学者たちが血道をあげている実験にこういうのがある。――被験者《ひけんじゃ》に脳の活動を記録する装置を付け、目の前に時計を置いておき、指を動かしたくなった時刻を覚えておくように指示を与える。そのうえで、〈さあ、指を動かしたくなったならば動かしてください〉、というわけだ。

学生　ふうん。で、どうなったんです。

教師　いろいろ議論もあるが、被験者が指を動かしたくなった――これが〈自由な意志の働き〉だというのだ！――時刻に先立って、脳の活動が変化したことが明らかになったという主張が有力だ。

学生　すると、指を動かすという行為を生じさせる〈自由な意志の働き〉に先

教師　立って、それを生じさせる脳の活動があった、というのでしょうか。

学生　そう言いたいんだろうね。自然因果性が〈自由な意志の活動〉を決定しているということが証拠立てられた、と。

教師　ううん。興味深いですね。でも、話はどうなるんですか。

学生　ここには「自由」に関するひどい無理解があると思うが、ともかく、問われるべきなのは、「被験者」とは何者かだ。

教師　それは、実験に協力する契約をしたひとでしょうが。

学生　契約とは約束であり、約束を守るべきだから守った人間は、「自己規定」としての「自由」の活動を行なったのだ。つまり、彼はたんに〈指を動かしたくなったから動かした〉というのではなく、〈指を動かしたくなったならば、指を動かすべきであったから、動かした〉のだ。仮にそうではなかったならば、つまり約束を守ったのではなかったならば、それはもう「実験」ではなかったろうし、彼も「被験者」ではなかったことだろう。

学生　要するに、被験者は「自由」だったと。

教師　当然ではないか。脳の活動の変化も当然起こるべくして起こったのだ。それでなくては、契約を履行する行為はできなかったからだ。

学生　それでは、人間の生き方にあっては、自然因果性は原則的には「自由」の活動に依存し従属する、と言いたいんですか。

教師　まさしくその通りだ。そのことは、人間の行為において「自由」は自然因果性に対して「統制的」な機能をもつと、哲学用語では表現される。ともあれ、たとえわれわれの行為が自然因果性によって決定されていることが科学によって完璧に解明されたとしても、われわれは相互を「自由」の主体として認め道徳的な意味で責任を帰し、行為の善悪を判定し、賞賛したり非難したりすることをやめることはないだろうね。たとえば、科学者集団においても、データ捏造《ねつぞう》といった行為は道徳的に非難の対象でありつづけるだろうね。……君、うかぬ顔をしているね。考えていることがあるのならば、率直に言いたまえ。

学生　あの、「自由」に関するひどい無理解と先ほど言われましたけれど、それって、したいことをすれば〈自由〉だ、ということなのでしょうか。

教師　その通りだ。

学生　でも、やっぱり、したいことをすれば〈自由〉だというのは、それなりに認められていいことなんじゃないでしょうか。哲学議論がどうであれ……

教師　ふうー！　私の考えを率直に言おう。〈したいことであっても、すべきではないからしない〉、〈したくないことであっても、すべきであるからする〉、〈したいことがあるが、それはすべきことにも、すべきでないことにも抵触《ていしょく》しない（許されている）から、する〉、これが「理性的存在者」にふさわしい、道徳的な意味での「自由」である。

学生　でも、そう主張するひとだって、たとえば、〈すべきことをしたいからこそ、する〉んではないですか。

教師　一理あるようだが、考えが足りない。では、すべきことは、もししたくないならば、しなくてもよいのか。――まさか、そんな子供みたいなことは言わないだろうね。まっとうな大人の人間は、すべきことは、したいか、したくないかとは独立に、すべきであるということを――しかもその際、〈すべき〉であるということが、まさにそれをする十分な理由となりうることを含めて——かならずや知っているものなのだ。こういった〈すべき〉ことの、当為の織り成す秩序が〈したい〉という欲求や欲望に決定的に優先することは、君だって認めていたろうが。……やっぱり、納得していないような顔つきだね。

学生　言われることは一応は分かるんですが、それでも、そんな〈すべき〉なんか放り出して〈したい〉ことをすればこそ〈自由〉だ、という思いが、どうしても押さえられなくて……

教師　君、自堕落《じだらく》はいかんよ。……だが、まあ、気持ちは分からんこともないか。……かの孔子は「七十にして心の欲するところに従いて矩《のり》をこえず」と述懐《じゅっかい》している。〈したい〉ことが〈すべき〉ことに、いつでもかならず一致する生き方——つまり、〈したい〉ことを存分にすることが、おのずと〈すべき〉ことをすることになるような絶対「自由」の境地——には、一生を費やして努力せねば到達できなかったというのだ、あの聖人が。いわんや、君や私のごとき凡俗《ぼんぞく》は、到らないのが当然であり、営々と努力〈すべき〉なのだ。

学生　……まあ、できるほどに、努力してみましょうか。

道徳法則と普遍的妥当性、理性的存在者と理念

学生　ところで、先生は先に「道徳法則」ということに言及されていましたが、それはどうなったのですか。

教師　そうだったね。それについても幾らか述べておかなくては。

「自由」とは、「自己規定」であって、自己が自己の在り方を決定することなんだが、それには、「嘘をつくべきではない」とか「約束を守るべきである」といった当為を、自己の格律として採用することが不可欠の要素として含まれているのだ。

学生　でも、考えてみれば、いったいどういう理由でそうした格律を採用するんでしょうね。

教師　普通の意味での理由は、ないと言ったほうがよかろう。
学生　え！　でも、理由がないならば、どうして採用するんでしょう。
教師　君は「理由」ということで、たとえば何を考えているね。
学生　ううん、この期《ご》に及んで自己幸福を持ち出すわけにはいかないなあ。でも、たとえば、親や教師が「約束を守るべきだ」というふうに教えるのは、普通のことでしょうが。
教師　ほう、では君は、親や教師が命令したから、「約束を守るべきだ」という格律を採用したのかね。その格律が君の行為や意志を拘束する力は、そこに由来すると言うのかね。
学生　ええと、ちょっと待ってくださいよ。その問いかけに「その通りです」と答えると、では、親や教師、総じて他人の眼の届かないところでは約束を守らなくてよいのか、と問われるんでしょう。
教師　ご明察《めいさつ》。で、どうなんだね。
学生　そんなことはありませんよ！　いつ、いかなる状況でも、約束を守るべし！　です。

教師　で、誰が君にそう命令しているのだね。

学生　また、「自己」だというのですか!?

教師　他に誰がいるのかね。そこで強《し》いて理由を求めるならば、自己自身を道徳的に善い自己として実現するため、ということになろう。だが、それはむしろ、われわれの「意志」の根本的な性格なのだ。

学生　では、読書の楽しみに溺《おぼ》れていた私に、約束を守れと命じたのは、私自身だったのか。それが「理性的存在者」としての私だというのか……

教師　そして君だけが「理性的存在者」ではないね。およそひとは「理性的存在者」ならば、「約束を守るべき」なのだ。これを、すべての「理性的存在者」に対する「普遍的妥当性《ふへんてきだとうせい》」と称する。そしてこのように普遍的妥当性を具えた格律が「道徳法則」なのだ。それは、「道徳的世界」を構成する原理であるような「法則」にほかならない。

そしてわれわれは、「意志」の内実として、普遍的妥当性を具えるような格律を自己自身のために自己自身によって採用し、それに従ってまさに行為することにおいて、「道徳的世界」を共同して形成するすべての

「理性的存在者」に対して「法則」を付与する、すなわち「立法」を行なうのである。これこそは、自己自身による立法として、「自律《じりつ》」と称されるものである。それは、立法する自己が、根源的に自己と他者との区別を了解しつつ、すべての他者、すなわち「理性的存在者」へと向けて開かれていることを意味する。

学生　ちょっと！……

教師　かくして立法された「道徳法則」は、自他《じた》の別なくすべての「理性的存在者」に無条件に服従を迫るがゆえに、「定言的命法《ていげんてきめいほう》」と称される。それは、根本的には、自己の格律を普遍的な立法に堪《た》えるような仕方で形成し、それに従って行為せよ、という無条件の命令なのだ。すなわち、「汝《なんじ》の意志の格律が常に同時に普遍的な立法の原理として妥当しうるように行為せよ」！

学生　まあ、待ってくださいよ!!　まったく止《と》めどがないんだから……。いいですか、だいたい簡単に普遍的妥当性なんて言えるんでしょうかね。私だって危《あや》うく約束をたがえるところだったし、世間には、約束を破ることをなんとも思わない連中、とくに犯罪者なんかがいくらでもいるじゃありませんか。

教師　残念ながら、事実はその通りだろう。だが、そうした者たちは、道徳的な「自由」と善とを実現しなかった、同じことだが、「理性」――正確に言うならば「純粋な実践的理性」――を実現しなかった、あるいはむしろ、そうするのを怠《おこた》ったという意味で「理性的存在者」ではないというだけのことだ。

学生　そんな、先生、身《み》も蓋《ふた》もないようなことを……

教師　原理的根本的に言って、「理性」とは、経験の対象としてわれわれに事実的に与えられているようなもの（所与《しょよ》）ではないし、労せずして自《おの》ずから実現するものでもない。むしろわれわれの各自が、行為の「いま、その瞬間」という〈時機〉において、いかなる格律を立て自己規定するかに、道徳的な「自由」と善とがこの世界のうちに存在するかどうかが依存するのだ。逆に言えば、道徳的な「自由」と善とは、われわれが生きていくうちで、絶えずその実現へと向けて駆り立てられている事柄であり、とりあえず、それをそうしたものとして概念により思考していること――すなわち、その「理念《りねん》」をもつこと――が、われわれが「理性的存在者」であることの最低限の意味なのだ。

学生　なるほど、……その意味でならば、私も――たとえ、ときに約束を守れなかったとしても――「理性的存在者」であると言ってよいのでしょうね。

教師　ただし、それが終わりではないこと、むしろ、生きているかぎり道徳的な「自由」と善の実現の課題に直面せざるをえず、はたして、またどこまで、それを成し遂げたかが、問われざるをえないことを、忘れてはならない。勿論それは君だけのことではなく、われわれ人間すべてのことなのだがね。

学生　途《みち》ははるかなり、ですか。

教師　自明だよ！

〔付記〕本対話は、イマヌエル・カントの自由論に関する筆者の当面の理解の一部を示すものです。さらに詳しく知りたい方は、筆者の論文「自由な行為の〈時機《とき》〉としての「いま、その瞬間」――「第三アンチノミー」解釈への一視角」、立正大学文学部『文学部論叢』第一三八号、二〇一五年に掲載、をご参照ください。なお、カントの自由論を基礎とする道徳哲学（倫理学）は、われわれの道徳的（倫理的）な在り方の根本を照らし出すことにおいて比類ないものであると、筆者は考えております。

3

行動の論理

松永澄夫

問う動物――二種類の問いと行動

人間は問う動物である。問うというと、「あれは何？」「これはどうなっているのかな？」など、知りたいから問うということを想い浮かべる人が多いのではないか。確かに人間は好奇心をもつ動物で、いろんなことを知ることを喜ぶ。今日の情報社会では、どうでもよいことでも雑学ふうに知っておきたいという欲求が広くみられる。また古来、真理を知ることを人生の大きな目標とすべし、という思想もある。（真理を知るということが、知識を得ることとはどう違うのか、はっきりしない面はあるのだが、それは措《お》く。）

けれども、実のところ私たちが最も多く発する問いは「どうしよう？」という問いだ。朝、目覚めてからの自分の行動を振り返ってみよう。誰だって、「どうしよう？」とまったく考えずに、いわば自動的に、あるいは習慣のみに従って一切のことをした一日なんかは決してないと確認できるだろう。

もちろん、「あれは何?」「どうなっている?」等の問いの答えによって「どうしよう?」という問いが生まれ、逆に「どうしよう?」という問いに答えるために「どうなっている?」と問うて答えを得る必要がある場合は多い。人類は多くの知識を獲得し、その知識によって行動を改良し、つまりはさまざまな技術を手に入れ、それを後世に伝えることで豊かな文化を築いてきた。しかし、目の前に見える立木が何であるか分からなくても人はそれにぶつからないように避けて通る。どういうわけでその木は秋に葉を落とすのか知らなくても、冬に木の下の陽溜まりを当てにできる。最低限のことは、問うことで知識を得る前から分かっている。

そもそも、たとえば空腹のときに食べ物があって、目前の危険もなければ、動物は食べる。「何だろう?」と問いもしなければ、「どうしよう?」と問うことも迷うこともない。ところが、人間も食べなければ生きてゆけない動物なのに、本能的にというか盲目的にというか、ともかく食べる、という食べ方はしない。状況に応じてさまざまな問いが生まれ、それらに答える仕方で、どうするかを決める。どのような状況で、どのような問いが生じるか、想像してみるとよい。実に多様な問いが出てくるものである。空腹でたまらないけど食卓を囲むはずの人を待つべきだろうか？　というふうに*1。

それらの問いのほとんどは「どうしよう?」という問いとして引っくるめることができる。「どうしよう?」とは一般に、何をするか、しないか、するとすればどのようにするか、を問う。答えて初めて生活は流れてゆく。答えを引き延ばすのも一つの選択だが、その選択なりの仕方で生活は進行する。

結果の指定による「何という行動か」の規定
——三つの指定様式

「どうしよう?」という問いに答えるとは、答えの候補を幾つか探し（時には探すまでもなく候補が幾つか提示されている）、一つの選択をすることである。選択は一つの価値事象の選択であり、かつ、大袈裟《おおげさ》に言えば、より望ましい自己を選ぶことでもある。そして、選択の結果が或る行動を或る仕方で始めることであれば、その進行によって現実の新しい局面が展開する。

ところで、「どうしよう?」という問いに対する答の候補として幾つかの行動を提示することは、それぞれの行動によってどのような展開が生じるかを見越すことを含んでいるが、このことは行動の論理の一つの重要な要素を教えてくれる。一般に「何の行動か」を言うことは行動がもたらす結果の指定によってなされる、という論理である。見越しの場合には、もたらすはずとか、もたらすだろうとかいうだけのことでしかないが。

この論理ゆえに、たとえば「どうしよう? 今日はどの服を来て行こう?」と問うて、服を選び、着るという単純な場合でさえ、その行動は複雑な内容をもつことになる。着衣によってもたらされる結果とは何か。わざわざ言うと馬鹿馬鹿しいようだが、その服を着た状態になるというのがその結果の一つであるのは間違いない。だから、この結果でもって指定される「服を着る行動」を人は言う。しかしながら、服の選択には多様な価値文脈と評価とが関わる。季節、気温の予想、行き先とそこですること、会うだろう人々……。これらがそれぞれ、或る服を着ることをどのように評価するかを決める価値文脈として働く。というのも、これらの一つひとつとの関係で服の選択が生じさせるであろうことの良し悪しが、

*1　どのような問いがあり得るか、いろいろな場面を想い浮かべて想像してみよう。

着衣そのことの適切さを測るのだからである。そこで人は、着衣がもたらすであろうさまざまな事柄（結果）を前もって想い浮かべ、それらのうちのどれを重視するかを選ぶのである。一つの服を着るという行動は同時に、体を保温したり保護したりする行動であり、場合によって、礼に適った行動、趣味の良さをアピールする行動となる。

では最後の行動規定のとき、その服の評判がさんざんだった場合はどうだろうか。着衣が趣味の良さをアピールする行動でもあったということにはならないのではないか。いや、失敗したアピール行動だったと言うべきである。良い評判を手に入れるという結果の指定があればこそ、実際にはそうはいかなかったという現実に目を向けることができるのであり、この幻に終わった結果を基準にして初めて失敗という概念も内容をもつ。また、途中までなされて放棄された行動という概念ももちろん、目論《もくろ》み上の結果を先立って指定することで内容を得てくる。

なお、こういう事情のために、現実にどういう振る舞いがなされようと（失敗や挫折の場合でも、あるいは下手で、しかるべき行動の姿――たとえば踊っていると見える姿――から酷く離れていても）、行動する本人がやっているつもりの行動はなされている、ということは承認しなければならないことになる。そうして、「何という行動か」を規定するこのような仕方を、第一の様式と考えるべきである。

しかし、その上で、本人が思いもしない結果を引き起こし、そのことゆえに、本人がするつもりではなかった行動、その結果の指定によって内容を与えられる行動をした（している）ということを認めないわけにはゆかない場合もある。たとえば、日曜の朝の芝刈りの行動が、別の見方からは隣人の朝寝を妨げる安眠妨害の行動となる。新聞紙上をにぎわす過失や怪我の功名の概念も、「何という行動か」の規定が、本人の意図とは無関係に現に生じてしまった結果によってなされるという論理なくしては成立しない。これは第二の規定様式である。

ところで、「結果の指定による・行動が何であるかの規定」という論理を納得するのに最もよい例は、行動が進行中の時点で行為者本人ではない人が傍《はた》からそれを何かの行動として理解する（ないし理解しようとする）場合の例である。そして、これが行動規定の第三の様式である。

人が行動するには、或る動作や或る振る舞いをしないわけにはゆかない。けれども、見ることができるその体の動作や振る舞いそのことだけを言うことで行動が何であるかを言うことはできない。何という行動かを決めるのは、行動する人の振る舞い（動作等）自体ではなく、それがもたらす結果の指定である（もたらすと見込まれただけの場合を含む）。

道を進んでいくと、前方で赤い旗を振っている人がいる。もちろん、その人は「赤い旗を振る」という行動をしていると言っても間違いではない。けれども、もっと適切なのは「こちらから向こうに行く車を止めている」とか「交通整理をしている」とかの行動規定である。なぜなら、こちらが車を停止させて初めてその人の行動は首尾良いものになるのだからである。（その停止という結果が生じるかどうかはドライバー任せではあるということは別問題である。）仮に車が止まらなかったとき、「赤い旗を振る行動」はきちんとできているが、「交通整理の行動」は失敗したことになり、そうしてこのことは重大な問題になるのだから、旗振りの動作は「交通整理の行動」として理解するのが適切なのである。しかるにこのような理解のとき、「交通整理ができている」という結果は、旗を振る行動を見ているときにはまだ生じていないことに注意しよう。見る人は、その結果が生じることを予想しているのである。

隣人が荷台に灯油タンクを積んだ自転車で出かけては帰ってくることを繰り返す。それを初めて見たとき、「何をなさっているのですか?」と尋ねたことがある。このことは、自転車で出かけることで「何を実現しようとしているのか、これが分からないうちは何の行動なのか理解できない」という事情があることを物語っている。「近所に畑を借りていて、水遣りに行っているんですよ」との答。「何をなさっているのですか?」の問いに、見れば分かる「自転車に乗ってます」という答が返ることはあり得ない。そのように答えることは問うた人を馬鹿にしていることになるだろう。行動が実現しようとしている結果が重要なので、これを指定しなければ行動が何かを言うことはできないのである。

確認しよう、人の振る舞いを見て、その進行中に、それが行動としては何であるかを理解するというのが、行動規定の第三の様式である。これは、人々と一緒に暮らす私たちの日常生活の根幹である。大抵の場合、その理解は行為者本人の意図による行動規定と一致するし、一致することが望ましい。

意図とは結果の先取りであり、その先取りによって行動が何であるかを規定し、この規定を行動の遂行中にも維持し、これからの展開を支配する。他方、周囲の人はその展開を見越して、内容によってはその展開への対処を決める。深く人を（内面に関して）理解するというのは困難でも、私たちは人の行動を理解することで、その人と良好な関係をもって生活できる。そこで多くの場合、行動規定の第三の様式は第一の規定様式を洞察することを目指している。その人自身が為しているつもりのことを理解することが第一に重要なのである。とはいえ、時には更に、本人が気づかない、振る舞いの「予想される結果」をも推測することが重要で、また、そのことをその人自身に指摘してあげるのが望ましい場合もある*2。

価値評価なしに結果は浮かび上がらない

人が何か行動するとき、その行動によって実現するだろうこと（行動結果）が少なくとも相対的には良い、と判断ないし評価するからその行動をする。しかし、実際の結果がどうか（あるいは、本人とは別の目で見てどうだと判断されるか）は別問題である。そして失敗の場合には現実の結果は見込まれた結果との関係で注目されるのだが、過失や怪我の功名が言われる場合には、見込みとは全く無関係な結果がクローズアップされる。そこで考えるべきは、或る結果がクローズアップされるとはどういうことか、である。

分かりやすい過失の場合を、交通事故を例に考えてみよう。事故を起こしたい人はいない。車を運転するという(意図した)行動が、運悪く人を轢《ひ》く行動にもなってしまうのである。もし、誰かに危害を加えるか殺すことを狙って人に向かって車を突進させるなら、それは事故ではなく殺人等の犯罪行動である。車でどこかに行く、あるいは単純にドライブを楽しむことを目的(言い換えれば結果)とした行動が、現実に車を人に接触させ人が怪我をするなどのことを結果としてもたらしたゆえに、人はするつもりはなかった行動をしたことになる。

実は、車を走らせることで生じさせる事柄にはさまざまある。第一には移動。その他に、楽しい気持ちが生じる。疲れる。音を出す(クラクションを鳴らすのとは違って、わざわざ音を出そうとしているのではなくても)。排気ガスを出す。そして、運悪く人を轢く。

しかるに、「〜に向かう行動」、「ドライブを楽しむ行動」という規定を車の運

＊2　例を多く挙げてみよう。

転に与えるのは普通だが、大抵の場合、「音を出す」とか「排気ガスを出す」とかの行動規定はしない。意図しない事柄だからだろうか。いや、意図しないのは事故も同じだが、こちらは「人を撥ねた」という行動規定をしないわけにはゆかない。要は、生じるさまざまな結果の中で重要な事柄が着目されるのである。その重要な結果との関係で「その結果を引き起こした行動」という捉え方が浮上する。

そこで、普段は気にかけない車の音でも、暴走族が出す爆音の場合などでは、車を走らせることは一転して「騒音を撒《ま》き散らす行動」として糾弾《きゅうだん》されることになる。車の音が人に迷惑をかける騒音として注目されるからである。また、「排気ガスを出す行動」だという規定も出てくる場合があり、それはその悪臭が酷く気になるときや、環境問題との関連で無視できない結果に注目するときなどだ。

実は、或る二つの事柄を原因と結果との関係で結びつけて理解するときに価値評価が絡むのは、事柄が自然現象であるときも含めて一般的である*3。そして、価値評価上で無視できない或る結果を生じさせる原因と見なされるものに人が関与する場合に、行動の概念が適用されるのである。車の運転の場合には人の関与は明白であるが、次のような場合もある。

大雨で土石流が発生したとき、そこに人が見るのは、まずは自然的な因果関係だが、ときに、発生現場において樹木の乱伐《らんばつ》が先だってなされていたことに人々の目が向けられると、「伐採《ばっさい》」という人の行動が土石流の遠因となるような「自然破壊」という内容の行動として改めて規定される。重要だと判断される結果が、次にその原因を浮かび上がらせ、原因（の一つ）と目される人の関与は、その結果の指定によって内容を与えられる行動として規定されるのである。なお、一般に私たちは、何らかの出来事における人の関与には敏感であることに注意を払わなければならない＊4。

意味世界と価値評価

ところで、何かの価値評価は単純なことにみえる。車で目的地に近づくこと、ドライブの楽しさは良いことで、車に撥ねられて怪我をすること、死んでしまう

＊3　因果の関係については、松永澄夫『知覚する私・理解する私』勁草書房、1993年、第三章、第四章を参照。

＊4　人の関与に対する敏感さについては、『言葉の力』東信堂、2005年、第1章、『音の経験――言葉はどのようにして可能となるのか――』東信堂、2006年、第3章、第6章を参照。

こと、爆音によって眠りを妨げられることは悪いことだというのは分かりきっている。

しかし、人がなす価値評価の多くは人が生きる意味世界に依存してなされることに注意し、それゆえに評価というものの成り立ちは単純ではない場合が多いことを見る必要がある。「この服にしようか、どうしよう?」と問うとき、候補となる幾つかの服を評価し、どれかを選択するに当たっては、先に述べたように、多様な価値文脈が関わる。寒いときには防寒・保温の機能があるかどうか、強雨のときには濡れると具合が悪いかどうかが、服の一つの価値基準として働くだろう。そうしてこれらの基準は、体の要求を根底にした上での物的環境と服の素材や造りとの物質的条件によって決まる。いわば物理的なものである。

しかし、派手だろうかとか、好きだけど流行遅れではないかとか、世話になった目上の方に挨拶に行くときの服として相応《ふさわ》しいだろうかとかを考慮するときには、服が発するだろうさまざまなメッセージを想い浮かべながら、服を評価している。メッセージは受け取り手を予想している。そうして、メッセージを発する側と受け取り手とはさまざまな意味事象が複雑な関係を取りながら織りなす意味世界で出会いながら、その世界で自分が注意を向けるあれこれの意味事象をそれぞれに評価し、しかも、その評価を、他の人々による評価をも想像して織り込んでなすのである。

人々の関心がどの程度に共通であるか、人々の評価が一致する傾向はどれほど大きいかで、或る事柄が入り込む意味文脈の強固さや柔軟さ、蒸発しやすさ等が決まってくる。葬儀に参列する場合の服がもしカラフルだったら人々の目がそれに注がれないはずはなく、弔意を示すのに相応しくないと人々は一致して眉を顰《ひそ》めるだろう。けれども街路を散策するときの服が同じような色であってもほとんどの人は気に留めず、色のメッセージ性は極めて低いだろう。フォルムや色づかいが流行のものだったら、どうか。民族衣装だったらどうか。見る人によって注意の惹かれ方は違うし、批評の有りようも違う。また、同じ人でも明確な評価基準(服の或る側面の価値の基準)などありはしない。お洒落で素敵な服だけど、こんな寒い日なんだから別の服を着るべきだわ、という複合的評価をする人もいるだろう。或る社会でお洒落だと評される服を不道徳だと非難する文化もある。いずれにせよ、着衣の効果の中には、物的性質では測れない、他の人々がどう想うかというものがあり、その想いは意味次元での評価を含むのである。（そもそも、意味というものは元々が価値評価を携えている＊5。）

自己から出発する価値・外側に見いだす価値

寒さを我慢してノースリーブの服を、お洒落なものとして着るとき、当然に他の暖かい服よりその服を高く評価するからこそ選んで着るのだが、その高い価値の出所は入り組んでいる。もちろん、服を選ぶ人の好みや、それを着たいという欲求が服の価値評価を左右している。このことは、そのような好みや欲求をもたない人の場合と比べれば、分かる。けれども、或る人がなぜその服を好むのか、着たいという欲求をもつのかにまで目を遣《や》ると、事情は複雑である。

繰り返すが、防寒服の場合、その価値は服の素材や造りが熱を通しにくいかどうかで決まる。気温が低いときは防寒服には大きな価値があり、気温が高くなれば防寒服は一転して厄介なものに転ずる。そうして、人の服に対する欲求や忌避も、このような価値の有り方に応じて生じる。（窮屈ではない、着やすい等の要素はここでは無視する。）要は、こちら側に基準ないし価値尺度があって、外の事柄の価値を評価する。（基準が、こちらと外の事柄との関係によって生じるとしても、起点は評価する側にある。）

一方、或る服の「お洒落だ」という価値を決めるのは何か。その服をお洒落と認める人々の存在が欠かせない。その人々が存在しないなら、着る本人だけがお洒落だと認めても、そのお洒落という性格を服は手に入れることができない。この性格とその価値は、社会的なもの、文化的なものだからだ。

そもそも、私たち人間が裸で暮らさずに衣服を纏《まと》うのも、毛のない猿ゆえの必然であったかどうかは分からない。人は人から見られるものであり、そのことを意識するということに着衣の（歴史的）動機、起源があったのかも知れない。体の一部を隠すことと衣服が見られることとは切り離せないが、服が見られるものであることに関わって言われる服の価値は、服とそれを纏う体および物的環境との関係に由来する価値とは成り立ち方が違う。人の他の人々との関係の中で生まれる事柄が重要なのである。

＊5 「素晴らしい」とか「最低」とかの評価語ではない普通の言葉が、実際は評価的響きをもっている。いろいろな語で確認してみよう。参考：松永澄夫「意味世界は価値世界である」松永澄夫編『言葉の働く場所』東信堂、2008 年、所収。

人間が生きてゆくために栄養として摂取することが不可欠で、そのことに価値の第一の出所がある食べ物の場合にも目を向けてみよう。食べ物さえ、他の動物におけるのとは違って、体の生理と食べ物との間の関係だけでは決まらないさまざまな種類の価値を帯びている。節句の粽《ちまき》や、誕生日に娘が一生懸命に作ったお祝いの料理は、栄養や味の尺度による価値とは別の価値をもつ。どのような食べ物であるかよりは、誰かと一緒に食べるということこそが重要な場合もある。栄養ある食べ物を、穢《けが》れたもの（負の価値のもの）として決して口にしない戒律をもっている人々もいる。

見落としてならないが、これらの価値の有りようは、或る集団に属する多くの人々がそれらの価値を食べ物や服に認めることそのことに依存している。言い換えれば人々の想いに依存している。そして人の想いによって生まれ養われる価値とは、意味上の価値だと言うことができる。お祝いの気持ちや願いが込められることによって生じた粽の価値やお洒落だと評価される服の価値は、栄養や保温機能のような、いわば即物的価値とは違う。（しかも、即物的価値の方ですら、価格という形で表示されるときには意味次元の価値へと変換されるのである*6。なお念のために言

う と、服をお洒落だと認めるかどうかというのは美的感性の事柄であると思えるかも知れないが、お洒落に流行があることから分かる通り、美を感ずる仕方にも流動する部分があるし、何より服のメッセージ性が重要で、意味次元の価値が関わっている。)

そうして人は、多くの人々と相当程度に同じ想いをもつようになることで、別の言い方をすれば同じ価値評価仕方を学ぶことで、自分もさまざまな事柄に(正負大小の)価値を見いだすのである。防寒服や栄養物としての食べ物の価値の基準は自分の側にある。けれども、お祝いの食べ物としての粽の価値やお洒落だという服の価値の方は、人は、それらが自分に先立って恰《あたか》も客観的にあるかのように見いだす、あるいは見いだすべく要請されるのである。その価値を支えているのは多数の人々の想いでしかなく、その点ではやはり人々から発してしか生まれない価値でしかないのであっても、である。

どういうときにどういう服が相応しいかは自分の尺度で決めるものではない。或る行事食がどういう価値(どういう意味をもつかから切り離せない価値)をもつかも、学び、その上で、しかるべき仕方でその価値と関わることをしなければならない。ただし、この要請や要求におおむね従うことが、多くの幸福な場合には自分自身

＊6　どういうことなのか、じっくり考えよう。

の欲求ともなる。いわば意味の力によって欲求が生まれるのである。

意味が力をもつ世界で行動する

以上に述べたような人間における価値の生まれ具合を、社会的ないし文化的な価値の生成と維持として捉えることができよう。そして、社会が複雑になり文化が豊かになるということは、実に多様な価値事象が生まれてくるということだ、と言うこともできる。

人々の想いによって一つのものが多面的な価値を与えられる。（他方、新たな価値観のもと、それまで存在しなかった新しいものが次々に生みだされることの意義も極めて大きい。それらに対する欲望が、しばしば膨大な資金が注ぎ込まれる宣伝、広告によって人々の間で生まれさせられるというのは日常茶飯事である。）そして、或るものの価値が多面的で複雑になると、そのものに関わる行動の有りようも複雑になる。そのものに付与された多面的な価値のうちのどれかに特に着目するのであるにせよ、他の種類の正負の価値にも相応の注意を払うべき場合が多いからである。しかも、そのもののあれこれの価値をそれぞれの価値文脈で理解することには、そのものについての他の人々の想いを考慮ないし推量することが入り込んでくるのである。

こうして、行動に関する問いも多様になる。本稿の冒頭部で、空腹で、食べ物があって目前の危険もなくても、人間は単純に食べはせず、状況に応じてさまざまな問いを立てる、と指摘したことの理由もここにある。

そもそも、人が他の人々とつくりあげる世界（社会や文化）で暮らすとは、意味が力をもつ世界に暮らすということである。他の人々と関わるというのは、そのときどきだけのことではない。或る「持続する共通の世界」に生きようとすることであり、その持続は、現在の事柄に未来をも縛る意味を人々が共通に見いだすことで可能となっている。人との関わりは漠然とながら、いつだって意味上で生まれるさまざまな秩序を当てにしており（さまざまな慣習や制度のことを考えればよい）、かつ秩序の維持や構築を目指している。（秩序を変える、壊す、新しい秩序を打ち立てようとする場合も含めてである。一挙にすべてを変えることはできない。人々に共通な土台なしには社会的な何事も為すことはできない。）

約束すること、信頼すること、礼儀に適《かな》うこと、道徳的であることがどのようなことであるかを考えてみればよい。何かを食べる、着るという極めて単純そうな行動も、このような方面から理解すべき多様な価値文脈の中での、複雑な様相をもつ営みである。私たちの衣食住という生活の基本も、そして、働くこと、趣味を楽しむことも、すべて同様である。

繰り返し立ち返る意味連関
――欲求・欲望と意志の概念の見直し

お洒落に勤《いそ》しむ人がいる。この人はお洒落に大きな価値を見いだし、お洒落への内的欲求をもっていて、それに関わる行動を多くなす。一方、お洒落にかまけている場合ではない、~をしなければならない、と自分に言い聞かせる場面も少なくないだろう。そして、それなのになすべき行動をせずにいると、自分は意志が弱い、欲望・欲求に負けてしまう、と考えるだろう。この考えは三つの要素を含んでいる。①或る場合には欲望が行動を動かし、②別の場合には意志が行動を始まらせる、③欲望と意志とは対立する。

　これらの考えはどれも自然なものである。ところで哲学では③で言う対立を受動と能動との対立として捉えることが多いが、この捉え方の方は適切ではない。この捉え方は次のような発想を背景にしている。すなわち、意志を理性の側に、欲望を感情の側におきつつ、意志と理性とを精神の作用だとし、その精神（体なしで存在し得ると主張されている何か）が私たち人間各自の自己の本体であり、他方、感情や欲望は精神への体の関与によって生まれ、それゆえに精神本来の自由な働きにとっては受動である、とする発想である。

　人はつい、何かの折りにこのような哲学の主張を聞かされ、その主張を何となく受け入れがちであるように思われる。だが、①から③までの自然な考えを解釈するには、別の視点で理解する方がよい。その視点とは、人がどのような意味連関に価値を見いだし、その連関に関わる行動をなすのかを見る、という視点である。

　お洒落に命をかける人の例で考えよう。その人は、どのようにすれば好きな服に巡り会うかを初めとして、服や装飾品に関連した「どうしよう?」という問いを、折に触れて何度も発するであろう。或る服を着たいばかりに、その服を着てもおかしくないような機会をどうすればつくれるかさえ考え、工夫するに違いない。そうして、問いの数に見合って、服が大きな要素を占めるさまざまな行動を、他の無数の行動をしてゆく生活の流れのそこかしこに組み込むだろう。

　服に関わる行動は同じことの繰り返しというわけではない。しかし、或る同じ意味領域（たとえば「お洒落」という語やそれに関連する語の群れ、また素敵だと思うさまざまな服で装った人物の写真等が開く意味領域——そうして、かなりの程度、他の人々とも共有できる意味領域）に関わっている。メッセージとしての意味の尊重をも含め、一般に意味に関わり合うこと、何かが意味あると想う（意味を見いだす）こと、は、或る価値を感受することである。その感受ゆえに、人は自分にとって重要な幾つかの意味領域に繰り返し立ち返り、あるいは引き寄せられる。そして、その意味領域の尺度で重要だと思われるあれこれの行動をなす。欲求ないし欲望の概念はこのような文脈で現われるのである。

　一方、お洒落にかまける行動と対比された「しなければならない〜」という行動も、実は或る意味連関に基づいて要請されるものである。「しなければならない」というところに、それは価値ある事柄だということが明白に見てとれ、かつ、さまざまな事柄との関係で要請されるものだということも看取できる。日々のいわゆる雑事もそうだし、職業としての仕事の場合に典型的であるように、或る課題のもと、長期にわたって相互に緊密に連携し合うことが要請される行動も同様の論理のもとにある。

行動の緊急度、あるいは他の諸行動と緊密に織り合わされ組織化されることの必要度が、或る行動に「なすべき」という性格を与える。翻《ひるがえ》って、或る価値の感受のもと緩やかに連携するだけの行動は、気儘《きまま》なもの、欲望に添うままのものに見える*7。

けれども、両者に共通することの方が重要である。どちらの場合にも行動は孤立していない。或る意味領域の中に位置するものとして生まれ、そこで一見は異なるかに見える両種の行動根底には共通して想像の力がある。意味が力をもつ世界で生き、行動するとは、想像をエンジンとした意識の作用のもとで生きるということだからである。（なお、この事情を突き詰めてゆくと、一つの行動を始めるに当たって働く自由意志をその時点で認めるかどうか、というたぐいの問題にはおさらばしなけ

*7　人は、誰もがもつと思われる幾種類かの欲望の他に、人によって異なる実に多様な欲望をもつ。どのようにして欲望は生まれるのだろうか、考えてみよう。また、意志と欲望の観点から、更に自己評価の観点から、行動する「自己」について考えてみよう。参考：松永澄夫『価値・意味・秩序』東信堂、2014年、第7章。

ればならないことも分かる。能動・受動の対立という問題の立て方を離れるのと同様である。幾つもある意味連関の強固さや緩さ、広範さや狭さというものを一方で考慮し、他方でそれらの意味連関に繰り返し立ち返る強さや弱さというものの有り方を持続や反復の相のもとで見なければならない。）

そして、本稿の最初の指摘に戻れば、「どうしよう?・」という問いが生まれるのも、人が感受する或る意味連関という文脈の中でであり、答の候補が浮かび、それを検討し評価するのもさまざまな意味連関においてである。また、答えに従って人が為す行動の一つひとつが新たな意味を分泌し、行動が関わる意味領域を豊かにし、かつ、後の諸行動を動機づけたり導いたりする働きをする。すると、繰り返し人が立ち返る意味領域に関わる行動は、その立ち返り方に幾らかの違いがあっても、人の生活のいわば柱となるような行動群を形成する。仕事の世界、趣味の世界などと私たちが言うときに考えているのは、こういう事情のことではないだろうか。（いや、実のところ、顔を洗ったり食べたり、歩いたりなどの、それらなくしては生活が成り立たない諸行動、それからいわゆる雑事や些事と呼ばれるさまざまな諸行動だって、結局は人の生活の固有なトーンをつくるであろう。）

柱となるような行動群は、人の生活に個性的な或る調子ないし色合いを与え、その人らしさをつくってゆく。そこでは、意志と欲望との対比は重要ではなくなる。それに、意志と欲望とが不可分な場合も多いのではなかろうか。「意欲」という言葉が象徴するように。

私たちは実に多様な意味連関のもとで暮らしている。より多くの事柄を組み込み発展してゆく豊かな意味領域を形成する諸意味連関があり、こじんまりした比較的に孤立した意味連関もある。確実に言えることは次のことである。

人が或る意味連関に参与するとはその連関を構成する諸々の事柄の価値に敏感であるということ、そして、生きることの豊かさとは、この敏感さに関係しているだろうということ。また、そうだとすると、実は行動だけが問題なのではなく、一種の無為の形での豊かさという可能性も認めなければならなくなる。ただ、この主題は本稿の外の事柄である。

4

幸福を求める人間

村上喜良

幸福という主題を、実存主義的立場から見れば、個人の、すなわち私の幸せが問題であり、社会主義的な立場から見れば、共同体の、すなわち社会の幸せが問題となります。

これから語ろうとしていることは、あくまでも筆者が日ごろ感じたり考えたりしている私の幸せに関する思いなしであり、かなり実存主義的な独白です。しかし、筆者は実存主義者ではあっても、独我論者でもエゴイストでもありませんので、最後には筆者自身の幸せに関する思いなしが、他の人々の幸せへとつながれば、それこそ幸いに思います。

三種の神器を求めた時代

筆者は戦後の極貧の時代から復興し始めた一九五〇年代に生まれました。映画『ALWAYS 三丁目の夕日』で描かれた時代です。当時の一般家庭では、洗濯機もテレビも冷蔵庫もありません。筆者の家も、洗濯機もそうでしたし、電話もありませんでした。ただ、上段に氷を入れて下段を冷やす木製の箱型の冷蔵庫がありました。当時でも、持っている家庭は少なかったのですが、父の実家が氷屋だったので氷が安く手に入ったのだと思います。

したがって、当時の人々の憧れは洗濯機とテレビと冷蔵庫という家電を持つことでした。そこに豊かさと幸せがあったのです。これらは幸福には絶対欠かせないものという意味で、幸福の「三種の神器」として求められ崇めたてられたのです。その後、日本の景気は急上昇を続け、六〇年代のいざなぎ景気で幸福の三種の神器にはクーラーとカラーテレビと自動車が取って代わり、八〇年代末のバブル全盛期には、人々はこぞって高価なものを買いあさり、それらの多くの神器に囲まれ、幸福に酔いしれていたのです。

これに呼応して、女性は結婚相手に「三高」という条件を求めました。高学歴・高収入・高身長のことです。女性は三高を持つ男性と結婚すれば、男性は三高を持てば、人生の勝ち組と言われ、そうでなければ負け組みと嘲笑されました。そこで、誰もが勝ち組になろうと必死でした。この勝ち組、負け組みという格差づけは「マウンティング」とも言われ、今も残っているようです。

さて、これらの神器や三高を持つことは、本当に幸せなのでしょうか。筆者は、はなはだ疑問に思います。何かあるものを持ちたいと努めているときは、確かに心はそれを手に入れたときのことを思ってわくわくしますし、実際、手に入れれば嬉しくて仕方なくなります。しかも、誰もが持っていないものを手にできたなら、悦にいって自尊心は大いに満たされます。

しかし、残念ながら、その幸福感もすぐに霧散してしまいませんか。そして、さらに何か目新しいもの、便利なものへと心は駆り立てられませんか。もっと持ちたい、持ったものは決して手放したくないという所有欲と、他人から負け組と言われたくないという自尊心の渦にまきこまれて、心は落ち着かず、いつもいらいらし続けませんか。このような状態は幸せでしょうか。とても、そうとは言えないでしょう。

アウグスティヌスは心の落ち着き無さに疲弊し、心の安らぎを求め、何かを持つことではなく、最後には神のうちに心の平安を見出しました。筆者は、誰もが神を信じ、そのうちに平安を見出すようにと、ここで胡散臭《うさんくさ》い宗教の勧誘をしたいわけではありません。ただ、心が穏やかであるということは、幸せであることの一つの重要な要素であることに注目してもらいたいのです。物の所有は心を穏やかにするものではないのです。

心の時代

このようなことを大学の講義でお話しても、学生さんたちは怪訝《けげん》な顔をします。貧しい時代もバブルの時代も知らないのですから、それは当たり前です。バブルがはじけ、景気がいかに不安定なものであるかをつくづく経験した大人たちに育てられた世代です。低迷し続ける景気のなかで、物の所有ではなく聖貧の幸せを教えられた世代です。誰もがこぞって、物の豊かさではなく、貧しくとも心の豊かさが大切であると、賢者のごとく訓戒していましたし、今もその傾向はまったく消えていないようです。

それだけではありません。他者と争うことではなく、自分の個性を花咲かせることにだけ一生懸命になればいい、というような内容の歌が大流行しました。勝ち組とか負け組みとかの競争に勝つという比較による幸せが拒否されているかのようです。

具体例をあげてみましょう。かつての結婚相手の条件である「三高」が、快適(comfortable)で、話好き(communicative)で、協調的(cooperative)であることの「3C」になったそうです。偶然、ネットでその記事を見かけ、なるほど、物の時代から心の時代に確実に変わったのだと感じました。そして、これは結婚の条件だけにとどまらず、男女問わず誰と交わるか、友だちとなるかというときの条件になっているのでは、と思いました。そんな学生さんたちに、物を持つ幸せでなく心の幸せが大切である、と説いてみたところで、何を今さらという顔をされ、しまいには冷ややかな視線で見つめられても当然なことでしょう。

しかし、本当に物の所有の幸せから心の幸せへと志向は反転したのでしょうか。確かに、彼らはいらいらせず、落ち着きがあり、闘争的ではありません。むしろ、おとなしく、他者の意見を尊重し争わず、他者に優しい人が多く、一見穏やかです。

しかし、この穏やかさは、幸せの重要な要素である穏やかさとは何か違います。

幸せな人を見ていると、穏やかさとともに、満たされている感じ、その充実感からあふれる活力や創造力の動きと、その激しい動きにもかかわらずある安定感があります。おとなしいだけの穏やかさには、その力強さと安定感がありません。どことなく弱々しく不安定です。宙に漂っている感が、筆者には否めません。

これは比較の問題でしかないのですが、活力のない穏やかさよりは、ギトギトするくらいの物欲と闘争心を持つほうが、いいのではないかとさえ思えます。そのような人は自分と周りの人を不用意に傷つけることが多いですが、それでも何かを創造するエネルギーにあふれています。そのなかで、競争においてですが、他者と真っ向から出会い、争うことで自己が強くなり、それがさらに進んで、切磋琢磨され、とげとげした自己が丸く大きくなる可能性があります。したがって、何も創造しないのっぺりとした穏やかさよりは、いいことだと思います。

心の幸せという不幸

物を所有する幸せとは、他者と比べてより高価なものをより多く持つこと、そしてその格差によって自尊心を満たすことである。心の幸せとは、気の置けない人と親しく交わることで心を満たすことである。

この文章を読む限り、物を所有する幸せよりも、心の幸せを志向することのほうが、よっぽど素敵なことに思えるのですが、心の幸せ志向はどうも人を幸せにしないようです。

それは、物から心へと志向が全く反転していないからです。そこには同じ所有という基本構造が貫いています。気の置けない人、ということは、実は、気を使う必要のない同じ価値観を持った（所有した）人、という意味ではないでしょうか。ここでは、物が所有されているのではなく、自分にとってお気に入りの心が所有されているのです。これも物から心の反転ではないかと、反論されそうですが、そうではありません。ここでは、反転どころかもっと悪いことが起きていま す。それは、心が物化《ものか》されているということです。本来、所有できるのは物で あって、心は決して所有されるものではありません。心は所有されると、生き生 きと活動することなく停滞し、結局、死んでしまいます。

物を所有する幸せとは、所有することで安定しようとすることです。それは、所有したら手放したくないという欲求からうかがわれます。ですから、所有されるものは安定した固定的なものでなければなりません。物は比較的固定的ですので、物欲はかなり直截的で理解しやすいものです。だから、心の幸せという名の心の所有志向においても、所有される心は変動の少ない固定的なものとみなされているのです。そのため、心が、比較的固定的とみなされる価値観、さらに自分と同じ価値観と等値されるのです。

しかし、よくよく考えてみると心も価値観も、物以上に不安定なものです。自分の心でさえ、次々に変化していくのですから、他者の心や価値観など自分の知らないところでどんどん変化しているにちがいありません。そのため、心の幸せという心の所有志向は、その人をとても不安定にして、ふわふわと漂っているような感じを与えるのだと思います。

また、元来固定的でないものをそのように思っているので、すぐに心変わりしたとか、裏切られたとか、と大騒ぎをします。これは決して幸せな状態ではなく、むしろ物の所有志向以上に不幸せだと思います。物は壊れたら、どうしようもなく、買い換えるか、諦めるしかありませんが、自分の所有している心の裏切り、心変わりは残忍な復讐を引き起こすからです。たとえば、恋人を自分のもの（所有物）であると思っている人は、恋人が取られたと思い、恋人や奪った相手に復讐心を燃やします。復讐は醜い、とても不幸な心の状態でしょう。

物を所有する幸せ志向には、他者との所有の格差による自尊心、あるいは自己確信の満足感が伴いましたが、心の所有という幸せ志向には、一見、それが見うけられません。彼らは同じ価値観の人としか交流しないのですから、最初から価値観の違う人は排除されているのです。価値観の多様性や相対性が極端に尊重されていて、最初から争うべき相手は居ないのです。言い換えれば、自分と違う価値観を持とうが、それはその人の自由であって、その自由を侵害してはならないと教え込まれ、そう思っているのです。そのため、彼らは攻撃的ではなく、協調的で、他者に対して優しいのです。

しかし、その優しさは他者に対して無関心だからこそそのものであり、よく言えば軽やかですが、他者の人生を背負うような責任を伴う優しさではなく、薄っぺらで軽い感じが漂います。なぜなら、彼らは元来自分とは異質な他者とはまったく出会っていないのですから、自らのうちに他者という抵抗がなくて軽いのです。すなわち、彼らの心は他者には開かれていないために、とても軽やかなのですが、自己閉塞した不活発な感じを与えるのです。

まとめると、心の所有という幸せ志向は、実は次のようなものではないでしょうか。心は常に動いています。生きています。心は命という終始動的なもの、行動的なものです。それを、ある特定の価値観と言うピンで留めて死せる標本にして、自分のお気に入りの標本を集めて、それを愛《め》でているのです。このような閉塞的な自己愛の究極形態が、かなり古いのですが『コレクター』という映画に表現されていると思います。主人公は気に入った少女を誘拐して、監禁して、自分の思い通りに飼育して、それを愛でることに幸福を感じるのです。その少女があまりにもはむかうようであると、主人公は殺害し、次の少女を誘拐しようと街角で網をはるのです。同じようなゲームがスマホにもあり、流行っているそうです。

心の所有という幸せ志向における他者関係とは、同じ系統の標本を好きな人と似たような標本を見せ合って、楽しく談笑しているようなものではないでしょうか。もしかすると、それは自分の方がもっと珍しい標本を持っているということで、自尊心を満足させようとする収集家になってしまいます。心の幸せ志向は、結局、物の所有という幸せ志向と通底しているのです。

なんでもありの自由の不幸

心の幸せという心の所有志向には、他者との格差による自尊心や自己確信の満たされた感がないと、述べました。しかし、実はそれが全く無いわけではないのです。不景気であり物の所有の格差は作りにくく、物欲にこだわることはカッコわるいことだと思われていますので、彼らは表立って争うことはしません。しかし、彼らも結局のところ所有志向的ですから、心の所有というところで、しかも匿名で、格差競争をしているのではないでしょうか。それが、ネットによる悪口の垂れ流しであり、不毛な言い競いによるきわめて下劣な「炎上」という現象だと、筆者には思えます。自分より偉そうにしている相手の価値観を攻撃して、自分と同じ位置か、それ以下のものにすること、あるいは自分が相手以上に優秀であることを示そうとする、下品きわまりない示威行動です。

最悪なのは、それが言葉の暴力となって他者を深く傷つけているということです。まったくもって無責任で自分勝手な行動です。そこには真の意味での他者がいないのですから、他者にも同じく傷つく心があることへの思いやりなどは当然生まれません。顔の分かる表の世界では、他者の自由を尊重する柔和な表情をしながらも、自分の顔が見えなくなると格差作りの闘争心という牙をむき出しにするのです。そこには、こころの穏やかさも、生き生きとした創造力も見受けられません。心は死んでいて、極まりなく不幸な状態です。

ここには、心の幸せという所有志向の基底にある自由観が災《わざわ》いしていると思うのです。彼らの自由観といっても、そこは重層的です。ひとつは、誰が何を感じ考え信じようが自由なのですから、それら価値観が違う人のことを嫌悪してもかまわない、というような、かなり私的嫌悪感容認型の自由。もうひとつは、誰が何を感じ考え信じようが自由なのだから、それらが違う人とは関わらない、というような、良く言えば寛容型、悪く言えば放任型あるいは無関心型の自由。最後は、表現の自由があるのですから、対立する嫌いな価値観に対して、自分の嫌悪感を直截に相手に向かって一方的に表現する、といった暴言型、攻撃型、排除型の自由です。つまり、なんでもありの自由なのです。これらすべては、心を所有することによって心の安定を得ようとすることに起因していると思います。

最初の私的な嫌悪感容認型の自由とは、他者との相違、さらには格差を内的に密かに作り、それに自己確信の安心を得ようとしています。次の無関心の放任型の自由は、最初から他者を避けることで、他者との摩擦によるいらだたしさ、不安定さから逃れて、自己の安定感を得ようとしています。最後の攻撃型の自由は、自分の心も相手の心も物化して、敵対する相手の心を物であるかのように排除して、自分の心を物として固定化して安定させようとしているように、筆者には思えます。それが当人たちにはまったく意識されていません。

これも比較の問題に過ぎませんが、物の所有という幸せ志向が、争いという形式においてですが、異質な他者と出会い、その異質性を強烈に意識していることからすれば、根本的には自己閉塞的な自由に閉じこもっている他者なき心の所有という幸せ志向のほうが、より質《たち》の悪い不幸な状態です。

本当の自分と生き甲斐探し

今の自分は本当の自分じゃない、本当の自分は別のところにある。だから、今は不幸せなのだ。そう思って本当の自分探しの旅に出る人たちがいます。そして、本当の自分が発見できれば、それで幸せになれると思っているようです。

しかし、筆者にはそのようには思えません。まず、本当の自分とは、おそらく何があっても変わらない安定した自分であり、そのような安定した自分を発見して、それを持てば心が落ち着くという志向のようです。これもまた、心の所有という幸せ志向と同じことです。そもそも不動の安定した自分や心というものはありません。もしあったとしてもそれは死んでいます。先の例でいえば、本来は躍動的である生き生きとした心を、本当の自分というありもしないピンで無理やり押し留め、死んだ標本にして、それを所有することで幸せであろうとしているのです。やはりこれは不幸な状態だというべきでしょう。

本当の自分探しと同じようなものとして、生き甲斐《がい》探しというのがあります。何のために生きているのだろう。生きる意味なんてあるのだろうか。きっと、生き甲斐、生きる意味を見出せれば、心が満たされ幸せになるのではないかという志向です。この場合、先述の物や心の所有の幸せが、生き甲斐とか人生の意味とかには、ならないようです。大抵の場合、人のために役立つことをするのが人生の生き甲斐、意味、目的であると言われます。偉大な思想家たちの幸福論も、総じて自己自身ではなく他者に目を向けることが幸せの条件、あるいは秘訣のひとつだと述べています。確かに、その通りであり、この他者志向において、生き甲斐の幸福論は、先述の物や心の所有の幸福論にまさっていると思われます。それでも、著者には何かしら違和感を覚えます。

筆者には生き甲斐論に対して昔から疑問を持っています。ここでは、人のために役立つことが目的です。では、この目的が達成されたときに、この人は目的を失うことになり、無目的という心が定まらない宙を漂うことになりませんか。彼は一体どうするのでしょうか。また、別の不幸な人を探すのでしょうか。意地悪い見方だと叱られそうですが、意外とこの生き甲斐論者のなかには、不幸な人探しをしている人を多く見かけます。そのような人は自分自身がまず幸せに生きているのではないのです。そのような人が他者に何かしらの満足感や多幸感を与えられるのかどうか、はなはだ疑問です。

生き甲斐論者は、人の役に立とうとするのは、第一にその人のためであるというより、むしろ自分の生き甲斐、すなわち自分の人生に意味を見出すことが大事なのです。自分のための人のためなのです。したがって、自分の思い描くように他者が幸せにならなかったりすると、相手に激しい怒りを覚えるのです。なぜ、私のいうことをきかないの、だからダメなのよ、と。すなわち、自分の幸せ像を他者に押し付け、結局、その押し付けが上手く行かずに腹を立てイライラしているのです。結局、それは自分が人の役にたっているという満足感を自分がえられない、自分が幸せになれないからなのです。しかも、そこでは、本当に他者に出会っているわけではないのです。要はお仕着せの優しさ、無神経なおせっかいであるだけなのです。

自分や生き甲斐探しの幸せ志向は、目的を固定し、その目的を発見しさえすれば幸せになれるということであり、これは、今まで述べてきた死せる心であり、不幸な状態です。

流れの中の渦としての私

物や心の所有の幸せ志向や、目的達成の幸せ志向を見てきました。これらの志向にしたがえば、家が買えないから、人間関係が上手く行かないから、生き甲斐が無いから、不幸だということになります。確かに、それらはそれらで幸せではないでしょうが、根本的にはそれらが所有されていないから、発見されてないから不幸だというわけではないことが明らかになってきました。何かを所有したり、ある目的を達成したところで、心が穏やかで、満たされ、創造的で生き生きとしないのは、不動でないものを不動であるかのように思いなし、そこに居すわって安定しようとするからなのです。

この巻のテーマである「行動する」という点からいえば、生きるとは行動の連続です。そして、生きている限り、私の心は決断と行動のなかで移ろって行くのです。不動の私や心などは幻想です。それにもかかわらず、心の動きを押し留めて、これまた実は不動でないものどもにピンで留めれば安定し幸せになれるというのは、幻想に幻想を重ねることです。そして、幻想から覚めないために、幻想はさらに幻想を重ね強化してゆくのです。幸せ追求幻想の呪縛です。

心は移ろい行きます。流れ去るものに執着するのは不幸の源です。だから、まずは心が移ろうものであることに気づくことが肝心です。心も他のすべてのものも、留まることなく移ろい行く川の流れのようなもので、同じであり続けるものはありません。すべてが変転するということの根底は、すべてが自由の内にあるということです。自然の根底は絶対的自由なのです。だから、こうであらねばならないことなど、何もないのです。私の心も他者の心も、根底において何ものにも縛られていないのです。これに気づくとき、とってもすがすがしい解放感に満たされませんか。

絶対的自由の内にあるなら、私は常に新たなものになれるのであり、常に新たなものを創造し続けられるのです。これはとても刺激的で生き生きとした創造力を湧き起こします。この創造力にみなぎる大河は、それを支える川底や岸や平野に、大河の源となる山や谷に、雨や風や大空に支えられ、また逆に支えています。大河を含めた大自然は絶対的自由においてありながら、これらの躍動の乱調と安定とのうちに調和しています。絶対的自由のうちにあることの解放感、その動きの創造力、創造力の内にある調和の落ち着き、それらに満たされていることを知るとき、心は絶対的な自由に抱擁されている穏やかさの幸せを感じるのです。

この大河のなかで、私の心とは何かしらの抵抗をうけて、うねり始めた渦《うず》なのです。渦は流れ来る小枝や落ち葉など、近づくものを自らの内に取り込もうとしたり、弾き飛ばそうとしたりしながら、勢いをまし大きくなっていきます。飲み込みはじき出すこと、これらが所有欲や食欲や睡眠欲や性欲、名誉欲や権力欲などの欲の現われなのでしょう。しかし、渦はこれらと一体ですから、これらの欲はすなわち我《われ》が我《われ》であろうとする我欲なのです。

筆者の最初のほうでの話では、これらの欲を否定しているかのように思われたかもしれませんが、実はそうではないのです。筆者はこの我欲としての渦にこだわればよいと思います。なぜなら、それなくして渦という我の心は消え去ってしまうからです。

なぜなら、渦の苦しい乱調がいつまでも続くと思って、乱調を阻止して安定をもとめ、それを保持し続けようと一生懸命になるという幸せ追求のこだわりは、真実の片方しか見えていないということです。我の心は乱調だけでも安定だけでもなく、その両者の揺れ動く渦そのものなのです。この動きを停止してはならないのです。その停止は心の死です。むしろ動きにこだわればよいのです。

しかし、動きへのこだわりだけでは幸せではありません。我という心の渦は絶対的自由の流れのなかで、いつしかまた大きな流れへと消え去って行き、またどこかで我と言う心の渦を生じさせ、また大河の流れへと消え去って行くのです。この全体に何気に気づいていることが幸せの妙なのだと思うのです。こだわりつつもこだわらないことです。渦でありながら、渦を越えて、大河とそれを取り巻く自然を見つめ仰ぐとき、この自然はあまりにも美しく、この小さな我の心としての渦もその美しさの一つなのです。この自然の美しさが我の心の根底であると感じることは、我の心を穏やかに満たす幸せを感じさせはしないでしょうか。

他者の渦と私の渦

大きな流れのなかで、何かしらのものにぶつかって渦が生じます。そこから私の心の渦ひとつだけが生じるのではなく、いくつかの他者の心の渦が生じます。そして、それぞれの渦が他の渦を取り込もうとしたり、はじき出そうとしたりして、激しく干渉しあいます。その干渉の中で、私の心の渦が他の心の渦と入り組み、ひとつの渦のようになることがあります。ひとつの渦のように見えるのですが、上から見るとそれらの渦の回転軸は異なるふたつのものです。しかし、その川底ではその回転軸は渦の最初であった何かしらの抵抗点を同じにしています。このふたつの渦は根底で同じでありながら、表面に向かうほど開き、しかし開きつつ、深く干渉しあっています。一方の渦の回転軸を失えば、他方の渦の回転軸は揺らぎ、もしかすると立ち直らず、同じく大いなる流れに消えていくかもしれません。それほど深く二人の心の渦は組み入り重なっているのです。だからひとつにも見えるのです。

　これが私の心にとって決して欠くことのできないもう一つの私の心なのです。この私の心でありながら他の心である渦はもっとも大切な私の愛すべき人なのです。このふたつの回転軸を持つひとつの渦であることに、二人の心は徹底的にこだわるべきなのだと思います。それが愛するということ、すなわち愛欲なのであり、我欲のなかでの物欲や所有欲や名誉欲などよりも、筆者は強く肯定したいと思うものです。理由は、問われても、よく分かりません。しいて言えば、ともに生まれ育ったものだからでしょう。

　さて、同じ抵抗から生まれた渦でも、結局は弾き飛ばされて、回転軸の基底を同じくしない渦となって、近くで干渉しあう渦となるものも多くあります。それらは、同じ基底点から生じ、今は基底点をたがえたとしても、干渉しあう渦として、私にとってはとても大切な渦です。その渦が消え去らないようにこだわることは重要なことです。

　そして、ふたつ回転軸を持つひとつの渦に対するこだわりも、基底点をたがえたが深く干渉しあう渦に対するこだわりも、やはりいつかは大いなる流れの中に消え去って行くことを知っておくことは大切です。それは自然の美しさに感じ打たれることであり、そこにこそ、こだわりつつもこだわらない満ち足りた幸せの妙があるのです。

遠くの渦

流れのはるか向こうで、まったく違う何かしらのものにぶつかり生じた多くの渦があります。コスモロジー（宇宙論）的な広がりからみれば、当然、それらの渦もこの私の心の渦と干渉しあっているのは確かでしょう。それゆえ、はるか遠くの渦をも大切にしなければいけない、停滞している渦があるなら助けるべきであるという主張があります。確かにその通りだと思います。そして、今ここにある自らの心の渦を消して、遠くにいって自ら新たな渦を生じさせ、そこにある渦を巻き込み生き生きとした力や愛を創造する人たちがいることも知っています。

すごいことだと思い、その力や愛に素直に感動し、深く頭がたれます。

しかし、筆者には到底、無理なことです。それは正しいことなのですが、それを人々に力強く主張する気も、筆者にはあまりありません。あまりにも遠くにあるものを実感することは、やはり何かしらどこか不自然です。実感できないものを巻き込むこと、大切にして愛することは、むしろ筆者に恐怖を感じさせます。それの主張を聞くにつけ、そらぞらしく聞こえ、怖くもなるのです。

実感の伴わないものに対する博愛主義は狂気に直結しやすいのではないかとさえ、筆者は思います。大切なのは、遠くの人ではなく、どうしようもなく巻き込み巻き込まれている大好きな人との渦に徹底的にこだわり、愛し抜くことです。実はそれが、自らの知らない大いなる流れのなかで、いつしか少しずつ全体に愛と幸せを広げることになるのだと思います。私の幸せはそのように意図的にではなく、人々の幸せへとつながって行くのではないでしょうか。

著者紹介

竹内聖一（たけうち・せいいち）

◆専攻　分析哲学、特に行為論

◆主要著作　『ケアの始まる場所―哲学・倫理学・社会学・教育学からの11章』（金井淑子との共著）ナカニシヤ出版、二〇一五年

◆おすすめの一冊

野矢茂樹　**『哲学の謎』**　講談社現代新書、一九九六年

二人の人物の対話形式で書かれた哲学の本です。「他人と自分は同じ色の世界を見ているのか」「過去は本当に存在したのか」「なぜ世界中の犬を「犬」で表せるのか」といった疑問を考えたことがある人、考えたことはなくても今目にして興味を惹かれた人には、ぜひ読んでみてもらいたいと思います。

湯浅正彦（ゆあさ・まさひこ）

◆専攻　西洋近代哲学、とくにカント哲学

◆主要著作　『存在と自我―カント超越論的哲学からのメッセージ』勁草書房、二〇〇三年／『超越論的自我論の系譜―カント・フィヒテから心の哲学・ヘンリッヒへ』晃洋書房、二〇〇九年

◆おすすめの一冊

大森荘蔵　**『流れとよどみ』**　産業図書、一九八一年

文字通り不羈奔放というべき、野太い哲学的思考の息吹に接するための好著。

松永澄夫（まつなが・すみお）

◆専攻　フランス哲学、言語論、社会哲学

◆主要著作　『価値・意味・秩序』東信堂、二〇一四年／『音の経験―言葉はどのようにして可能となるのか』東信堂、二〇〇六年／『食を料理する―哲学的考察』東信堂、二〇〇三年

◆おすすめの一冊
ハルバースタム（筑紫哲也・斎田一路訳）**『メディアの権力』**サイマル出版会、一九八三年
原著は一九七九年で古いが、現在でも読むに値する。アメリカのマスメディアの歴史を、タイム、ロスアンジェルス・タイムズ、ワシントン・ポスト、CBSを軸にたどったもの。イギリスのメディアについては、小林恭子『英国メディア史』中央公論新社、二〇一一年。

村上喜良（むらかみ・きよし）
◆専攻　キリスト教哲学、生命倫理
◆主要著作　『基礎から学ぶ生命倫理学』勁草書房、二〇〇八年／「キリスト教の立場から震災を考える」（分担執筆）金井淑子編著『〈ケアの思想〉の錨を──3・11、ポスト・フクシマ〈核災社会〉へ』所収、ナカニシヤ出版、二〇一四年／『ハイデガーとキリスト教』（翻訳）ジョン・マクウォーリー著、勁草書房、二〇一三年

◆おすすめの一冊
窪美澄**『ふがいない僕は空を見た』**新潮文庫、二〇一二年
第二四回山本周五郎賞受賞作品です。生きてゆく限り負わなければならない人間の課題というか運命があります。家族、恋人、性、出産など。登場人物の高校生たちは、重くて背負いきれない運命を抱えて、ふがいなく空を見ています。あなたなら、空を見上げながら、生きることの重さをどのように心に刻むのでしょうか。

哲学《てつがく》 はじめの一歩《いっぽ》 4 行動《こうどう》する

二〇一五年八月二四日 初版発行
二〇一六年三月二四日 二刷発行

編者 立正大学文学部哲学科《りっしょうだいがくぶんがくぶてつがくか》

発行者 三浦衛
発行所 春風社 *Shumpusha Publishing Co.,Ltd.*
横浜市西区紅葉ヶ丘五三 横浜市教育会館三階
〈電話〉〇四五・二六一・三一六八 〈FAX〉〇四五・二六一・三一六九
〈振替〉〇〇二〇〇・一・三七五二四
http://www.shumpu.com ✉ info@shumpu.com

装丁・レイアウト 矢萩多聞
装画 鈴木千佳子
印刷・製本 シナノ書籍印刷株式会社

ISBN 978-4-86110-459-6 C0010 ¥3241E（四冊揃）

『哲学　はじめの一歩』刊行のことば

17から20歳になれば、思春期の背伸びの後に、突っ張りやおしゃれだけでなく、知的にも背伸びをしてみよう。それも、小難しい言葉や観念に酔うだけで実際の思考は空回り、というのではなく、手応えある内容を生活の中に持ち帰るために。これまで当たり前だと思っていたさまざまな価値観と距離を取り、生きることの意味さえ含めて問いなおしてみよう。このような試みは若いうちに当然に生まれるものであるが、これをどのような深さで遂行するかによって後《のち》の日々の生活の足取りは変わってくるはずだ。

どうして人のこんなにもさまざまな生活があり、異なる社会があり、違った考え方、価値観をもつ人々がいるのか。夥《おびただ》しい情報が行き交う現代は、そのことを思い知らされる時代である。しかし多様な様相の底で、人の生を織り成す幾筋かの共通で基本的な織り糸はある。それらを探り、それらが関係しあう様《さま》に光を当てよう。

生きてゆくと、否応なくさまざまな問題、困難が降りかかる。そんなときでも自分は立ち向かうことができるはずだ、という勁《つよ》い確信を得るために、ものごとを解きほぐし、表面に現れた諸相を生成させている理屈を見つけてゆく、そういう考え方を身につけよう。哲学に親しむとは、自分の芯となる思索力を訓練することである。

『哲学　はじめの一歩』という、4つの冊子、16の論稿から成る本書のテーマは、いわばまっすぐな選択というか、人が「己が生きること」を考えるときの基本となることである。

ぜひ若者たちに手にとってもらいたい。もう「若者」ではない方でも、少し立ち止まり、人生とはどんなものであるかをあらためて考えてみたいときに、その材料やヒントとして読んでいただきたい。どの論稿から読みはじめてもかまわない構成になっている。また、高校の「倫理」を担当される先生方、大学で「哲学教養科目」「哲学演習」を担当されている先生方には、教材として利用していただければと願っている。――生きることを「よし」と言おうではないか。